CUSTOM iSTUDY

カスタム アイ スタディ

小5

| 英語 | 国語 | 算数 |

| 理科 | 社会 |

about ♡ CUSTOM i STUDY

『カスタムアイスタディ』は、おしゃれが大スキな小学生のための問題集だよ！
おうちの方といっしょに、問題集・付録の使い方や、特集ページを読んでみてね☆

CONCEPT

1 小学5年生で習う5教科の基本が、この1冊で学べちゃう♪

2 「ニコ☆プチ」コラボの特集ページでやる気 UP ↑↑

3 手帳に予定を書きこんで、勉強も遊びも自分でカスタム☆

もくじ

🌸 問題集の使い方 🌸

すべての教科で、1単元1〜2ページの構成になっているよ。
1ページに2つの大きな問題があるから、1日に取り組む問題の数を
自分で決めることができるね。取り組むペースに迷ったら、
5ページの「スタディタイプ診断」で、自分にぴったりなコースを見つけよう!

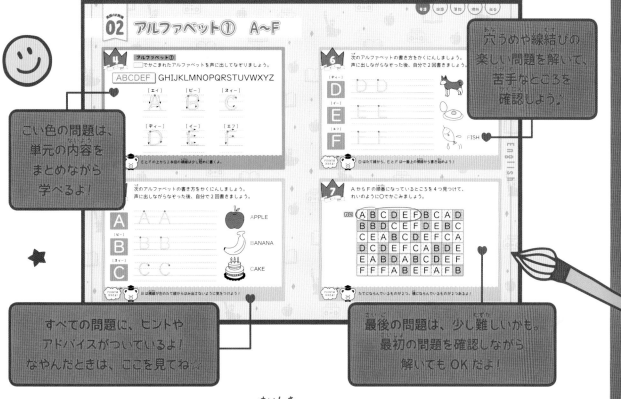

こい色の問題は、
単元の内容を
まとめながら
学べるよ!

穴うめや線結びの
楽しい問題を解いて、
苦手なところを
確認しよう♪

すべての問題に、ヒントや
アドバイスがついているよ!
なやんだときは、ここを見てね☆

最後の問題は、少し難しいかも。
最初の問題を確認しながら
解いてもOKだよ!

\ いろんな問題形式で楽しく学べちゃう♪ /

日記風

カード風

ナゾトキ風

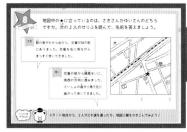

会話風

手帳・シールの使い方

1週間ごとに問題集に取り組む予定を書きこんで、
クリアしたものをチェックしていくよ!
予定シールやデコシールをはって、自分だけのオリジナル手帳にカスタムしよう☆

スケジュール

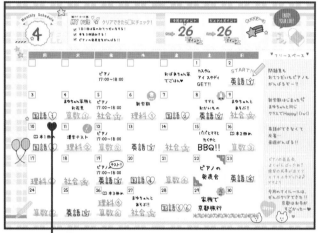

その日取り組む
問題番号を書きこむよ♪

How To Use

1. 1週間分の予定を書きこむ。
   あそびや習いごとの予定も書いちゃお☆

2. その日クリアした予定をチェックする。
   ペンやマーカーでかわいくデコろう♪

3. 1週間をふりかえる。
   がんばった自分をほめてあげてね!

シール

メモ

お絵かきやちょっとした
メモ書きに。自由に使ってね♪

プロフィール

覚えておきたい情報や、
自分の成長の記録にもなるよ☆

時間割

スケジュールをたてるために、
時間割のチェックは大事!

「カスタムアイスタディ」をGETしたけど
最後（さいご）まで続けられるかな？

プチモ
山腰理紗（やまこしりさ）ちゃん

プチモ
川瀬翠子（かわせすいこ）ちゃん

自分にぴったりの
「スタディタイプ」を見つけてね☆

「スタディタイプ診断（しんだん）」で「YES」「NO」に答えて
それぞれのタイプのスケジュールのたて方や
勉強（べんきょう）テクをマネしてみよう！

スタディタイプ診断

START

流行（りゅうこう）のファッションを
チェックしている

No →

負（ま）けずぎらいなほうだ

Yes →

予定を立てるのは
ニガテ

↓Yes

↓No

↓No

↓Yes

好（す）きなものは
最初（さいしょ）に食べるほう？

No →

かわいいより
かっこいいって
いわれたい！

めんどう見がいいって
よくいわれる

↓Yes

↓No

Yes

↓No

どちらかというと
あまえるのが上手

その日（ひ）に必（かなら）ず
やる（き）ことを決めている

今、習いごとに夢中（むちゅう）！

↓Yes

No

↓Yes

No

↓Yes

毎日コツコツタイプ

自分のペースで少しずつ進（すす）めるタイプのあなたは、毎日１題ずつ取り組んでみよう！約（やく）半年でマスターできるよ☆

▶ p.006-007

サクサク先（せん）どりタイプ

あれもこれもちょう戦したいタイプのあなたは、毎日２題ずつ取り組んでみよう！約３ヶ月でマスターできるよ☆

▶ p.008-009

夢も勉強も欲ばりタイプ

やりたいことに一生けん命（めい）なあなたは、１週間に４題取り組んでみよう！約１年でマスターできるよ☆

▶ p.010-011

マイペースに少しずつ！
毎日コツコツタイプ

読書もピアノも
毎日少しずつ!!
1ヶ月でデキル子に
なる!!

すごーい!!

1日1回のおてつだい！
この日は朝から
がんばっちゃった☆

わたしの一日♡

**平日の
スケジュール**

時刻	予定
7:00	起きる
	お花の水やり→朝ごはん→通学
8:00	
	学校
16:00	きゅうけい→ピアノ教室へ！
17:00	ピアノのおけいこ
18:00	帰る
18:30	夕ごはん
19:30	学校のHWとカスタム
20:30	おふろ
21:30	ママとマッサージしあいっこ
22:00	読書
22:30	ねる

Monthly Schedule

MY rule マイルール クリアできたら□にチェック
- ✓ 1日1回は家のおてつだいをする！
- ✓ 本を3冊読みきる！
- ✓ ピアノの発表会をがんばる!!

4

月	火	水	木
		ピアノ 17:00～18:00	
3	4 まゆちゃん家族とお花見	5 ピアノ 17:00～18:00	6 新学期
国語①	算数①	社会①	理科
10 本1冊め	11 漢字テスト	12 テスト ピアノ 17:00～18:00	13
国語③	理科②	算数②	英語
17	18	19 ピアノ 17:00～18:00 テスト!!	20
理科③	社会④	英語③	国語
24	25	26 本3冊め	27
算数	英語	理科	社会

この日、めっちゃ
スッキリねむれたなぁ。
なんでだろう？

ねる前の読書が
いいのかも？！

Point!!
毎日1問ずつ
解いていくのがポイント☆
時間を決めておくといいかも？
わたしはおふろの前！

『毎日コツコツタイプ』さんのトクチョウ

#マイペース 　#あまえ上手

友だちから「マジメ」「字がキレイ」とよく言われる！
そんなアナタは、自分のペースで努力を続けることができるはず☆
小さなコツコツを積み重ねて、1年後にはもっとステキな自分になろう！

ONE POINT　勉強や習いごとをがんばった日は、
ペンやシールでかわいくデコって、自分をほめちゃおう☆

♥ 休日のスケジュール

時刻	スケジュール
8:30	起きる
	朝ごはん→したく
10:00	
	ママとおかいもの！
14:00	
	きゅうけい！
15:00	
	ピアノの練習
16:00	
	パパとたくやとおさんぽ
17:00	
	夕ごはんのおてつだい
18:00	
	夕ごはん
19:00	
	学校のHWとカスタム
20:00	
	おふろ
21:00	
	とりためてた ドラマをみんなで見る
22:30	
	ねる

休みの日も
しっかりコツコツ！

がんばれ！

ENJOY YOUR LIFE!

今月のポイント → **26** ポイント
ちょきんポイント → **26** ポイント

ネコワシシール

♥ フリースペース ♥

問題集も
おてつだいもピアノも
がんばるぞー!!

新学期はじまった✧
まゆちゃんと同じ
クラスでHappy! (>o<)

英語ができなくて
反省…
来週がんばる!!

ピアノの発表会、
よくがんばったね！
練習の成果が出てて
とても上手だったよ♪
ママより

今月のマイルールは、
ぜんぶクリアできた!!
京都はお寺が
すごかったー♥

LOVE??

金	土	日
ばあちゃん家 ごはん♥	**1** カスタム アイ スタディ GET!!	**2** START!! 英語①
国語②	**8** ママと おかいもの 英語②	**9** まゆちゃんと あそぶ!! 社会②
社会③	**15** パパとママと たくやと BBQ!!	**16** 本2冊め 算数③
算数♣	**22** ピアノの 発表会	**23** 英語④
語⑤⑥	**29** 家族で 京都旅行	**30**

勉強のお守り買ってもらったよ！
レンアイのお守りもほしかったな

サクサク先どりタイプ

Good Point！
朝の時間を活用してるんだね！

朝は問題を1問解くって決めてるの！

今月は予定がいっぱい！メリハリつけてがんばるぞ〜

平日のスケジュール

時刻	予定
7:00	起きる
	カスタム
7:30	朝ごはん→通学
8:00	
	学校
16:00	
	英会話
17:30	きゅうけい！
18:30	学校のHWとカスタム
19:30	夕ごはん
20:30	おふろ
21:00	テレビ見ながら家族とおしゃべり
22:30	
	ねる

少しずつ英語を話せるようになって楽しい★めざせ！海外！

カッコイイ〜

Monthly Schedule

MY rule マイルール　クリアできたら□にチェック！
- ☑ 塾の宿題は次の日におわらせる！
- ☑ 英会話でならった単語は、次の週までにおぼえる！
- ☑ 土日は家のお手伝いする！

5月

月	火	水	木
1 英語♛ 国語♡	2 算数⑩ 理科⑩	3 GOOD! → おじいちゃんの家	4
8 算数⑪ 理科⑪	9 英会話 16:00〜17:30 社会☆ 英語♛	10 おこづかい日♥ 国語⑪ 算数♡	11 理科⑪ 社会☆
15 理科⑬ 社会☆	16 英会話 16:00〜17:30 国語⑬ 算数♡	17 理科⑭ 社会☆	18 英語♛ 国語⑭
22 あすかとかいもの 国語⑮ 算数♡	23 英会話 16:00〜17:30 理科⑯ 社会☆	24 遠足	25 英語♛ 国語⑯
29 算数♡ 理科⑱	30 英会話 16:00〜17:30 算数♡ 理科⑱	31 音楽のテスト！ 社会☆	

今回の遠足ではミュージカルを見に行くんだって！楽しみ〜〜♪

『サクサク先どりタイプ』さんのトクチョウ

#できるコ　　#たよれるリーダー

しっかり者で「かっこよくなりたい」コが多いタイプ!
アナタはきっと、自分みがきをがんばる努力家なはず☆
もっとデキル自分になるために、小さな目標を決めるといいよ♪

ONE POINT
約束やイベントがある日をカラフルにデコっちゃおう♡
その日にむかって、やる気もアップ!

休日の
スケジュール

8:30	**起きる**
	朝ごはん→したく
10:00	**1週間の復習 ＆ カスタム**
12:00	**お昼ごはん**
13:00	
	友だちと映画 ＆ ショッピング
17:30	**家のおそうじ**
18:30	**おふろ**
19:30	**夕ごはん**
20:30	**YouTube 見たり 本を読んだり**
22:30	**ねる**

今月のポイント	ちょきんポイント	チェックシール	\STUDY!/
43 ポイント	**85** ポイント		

金	土	日
旅行 **とまり!!** →	6 あすかの誕生日 社会☆	7 英語⑪ 国語⑩
〇:00~19:30 国語⑫	13 国語⑫ 算数⑬	14 まきとあやと **遊園地**
〇:00~19:30 算数⑮	20 お母さんとあすかと ピクニック♪ 理科⑮	21 理科⑯ 社会☆
テスト 〇:00~19:30 算数⑰ 理科⑰	27 美容院 算数⑯ 理科⑰	28 あやと映画＆ ショッピング 社会⑱

♥ フリースペース ♥

ひさしぶりに
おじいちゃんに会えた!!
庭でいっぱいあそんだ!!

遊園地にいくために、
カスタムも宿題も
しっかり頑張れたよ!

ピクニック、とても楽しかったね。
その日にできなかった勉強を、
次の日にしっかりやっていて、
とてもエラい!!!

遠足のミュージカル、
とっても感動した!!!
俳優さんたちが
とてもかっこよかった♥

歌のテスト、とっても
キンチョーした!!'(>△<)'
でも、先生に「上手!」
ってほめられたよ!

妹といっしょに
アイドルのダンスを
見ながらおどるのが
すき♡

Point!!
休みの日は
午前中に勉強して、
午後は思いっきり
あそぶんだ〜♡

どんなことでも一生ケンメイ！
夢も勉強も欲ばりタイプ

#Morning Routine ♡
スッキリめざめて
1日ゲンキ！！

おはよ〜！

Good Point！
朝から
エネルギッシュ！

今月末は運動会！
1位になるために
がんばるよ！

平日のスケジュール

時刻	予定
7:00	**起きる**
	ランニング
7:30	朝ごはん→通学
8:00	
	学校
16:00	
	きゅうけい！
17:00	バレエの練習
18:00	
	夕ごはんのおてつだい →夕ごはん
19:30	
	学校のHWとカスタム
20:30	おふろ
21:30	テレビ見ながらストレッチ
22:30	**ねる**

#Night Routine
毎日続けて
やわらかく
するぞー！！

やらない日があってもOK！！
ムリのないペースで
がんばろう！

この2日間は読みたい本が
あったから一気読みしちゃった
その分、土曜日にお勉強を
がんばったよ！！

Monthly Schedule

9月

MY rule — クリアできたら□にチェック
- ☑ 2日に1度は運動する！
- ☑ 運動会の50m走で1位をとる！
- ☑ 塾のテストで90点以上とる！！

月	火	水	木
3 新学期	**4** 理科⑰ 社会☆	**5** ゆうくんの家で ゲーム大会！	**6** 塾 17:30〜19:
10 算数⑲	**11** 算数⑳	**12** 塾の テスト勉強！！	**13** 塾 17:30〜19:
国語⑲			
17 英語⑱	**18** 国語⑳	**19** 新刊本発売日 算数㉑	**20** 塾 17:30〜19:0 理科㉑
24 社会☆	**25** さっきー バースデー 英語⑲	**26** 国語㉑ 算数㉑	**27** 塾 17:30〜19:0

『夢も勉強も欲ばりタイプ』さんのトクチョウ

#めちゃパワフル　　#カラダが先に動いちゃう

エネルギッシュで、「やりたい！」と思ったことはすぐに行動(こうどう)しちゃう！
自分がやりたいことは、先にしちゃってOK♪
後回しにしたことも、ちゃんとカバーできる人になっちゃおう★

ONE POINT　「勉強(べんきょう)できなかった⤵」日は、夜のうちにスケジュールを
見直(み)して、かわりの日をすぐ決めちゃおう！

休日の
スケジュール

		9:00	起きる
			朝ごはん→したく
		10:00	おばあちゃんの
			家にいく
		12:00	お昼ごはん
		13:00	
			友だちとあそぶ
		17:30	塾(じゅく)のHWとカスタム
		18:30	夕ごはん
		19:30	お母さんとおさんぽ
		20:00	おふろ
		21:00	
			テレビ見ながらストレッチ
		22:30	
			ねる

今月のポイント **18** ポイント

ちょきんポイント **101** ポイント

チェックシール

CHALLENGE
Welcome ♡

金	土	日
	1 英語⑯ 国語⑱	2 ★
し エ 30〜18:30	8 おばあちゃん🏠→あみとあそぶ 英語⑰	9 家族で おかいもの
し エ 30〜18:30	15 理科⑱ 社会★	16 あみとさっきーと 映画みる
し エ 30〜18:30	22 算数㉑ 理科⑲	23 家族で 水族館
し エ 30〜18:30	29 運動会	30

♥フリースペース

夏休みおわっちゃった…。
でも、ひさしぶりに
みんなと学校で
会えるのうれしい✦

夏休みも楽しかったけど、
みんなと毎日会える方が
やっぱりいい！でも、
宿題はちょっとイヤかも…笑

塾のテスト、
いい点数とれた♥
テスト勉強してよかったー！

水族館すごくたのしかった！
ジンベイザメがかわいかった！
お父さんがジンベイザメの
ぬいぐるみ買ってくれたよ♥

運動会で一位とったね。
勉強も運動も頑張ってて
ステキだよ。
OK!!

さすが〜！

この週はお母さんに
ほめられたよ◇

Point!!
お勉強は一気に
終(お)わらせちゃう！
日曜日はゆっくりしたい
からね！

小学生が知りたい！

なんでも

小学生115人にきいてみたよ。
みんなに学校とおうちでのこといろいろ教えてもらっちゃった♪

Q ランドセルの色はなに色？

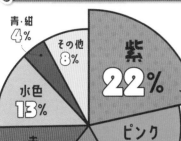

- 青・組 4%
- その他 8%
- 紫 22%
- 水色 13%
- 赤 14%
- 茶色 19%
- ピンク 20%

好きな色のランドセルにすると学校に行くのも楽しくなるね♪

ビビットピンクのランドセルの子もいてまさに十人十色だね！

Q 好きな教科は？

図工の授業が大人気だね☆ キミはなにを作りたい？

 1位 図工　 2位 体育　 3位 音楽

Q ニガテな教科は？

 1位 算数　 2位 社会　3位 国語

ニガテな教科をこくふくすると、楽しく勉強できるようになるかも♡

Q 好きな学校の行事を教えて！

 1位 遠足　 2位 運動会　 3位 社会科見学 修学旅行

おやつを持っていくと盛り上がることまちがいナシ！

Q 学校ではなんのクラブ（部活）にはいってる？

1位 手芸クラブ

2位 家庭科クラブ
パソコンクラブ
バドミントンクラブ

Q 将来の夢はある？

- ない 27%
- ある 73%

今はまだ見つからなくてもダイジョウブ！あせらずに自分の好きなものやことを見つけることから始めよう！

Q 「ある」と答えた人は将来の夢を教えて！

 薬ざい師

イラストレーター

助産師

アイドル

作家

 じゅう医

学校の先生

パティシエ

YouTuber

ランキング

おうちへん

みんなの知りたかったことはあったかな?
学校とおうちでの過ごし方の参考にしてね。

Q 習いごとはしてる?

※複数回答あり

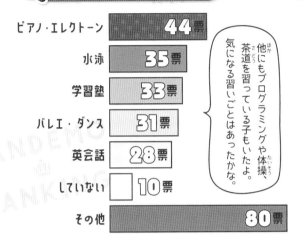

- ピアノ・エレクトーン **44**票
- 水泳 **35**票
- 学習塾 **33**票
- バレエ・ダンス **31**票
- 英会話 **28**票
- していない **10**票
- その他 **80**票

他にもプログラミングや体操、茶道を習っている子もいたよ。気になる習いごとはあったかな。

Q 朝ごはんはパン派?ご飯派?

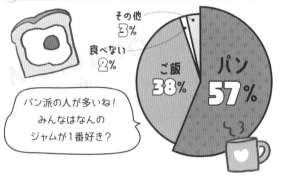

その他 3%
食べない 2%
ご飯 38%
パン 57%

パン派の人が多いね!みんなはなんのジャムが1番好き?

Q スマホ・ケータイは持ってる?

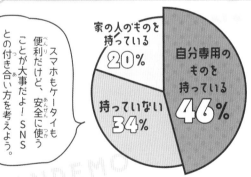

家の人のものを持っている 20%
自分専用のものを持っている 46%
持っていない 34%

スマホもケータイも便利だけど、安全に使うことが大事だよ! SNSとの付き合い方を考えよう。

Q 毎日なん時ごろに起きてる?

1位 6時30分
2位 ~7時 3位 ~6時

Q 毎日なん時ごろにねてる?

1位 21時台
2位 22時台 3位 20時台

Q おこづかいは毎月いくらもらってる?

1位 もらっていない
2位 501~1000円
3位 301~500円

もらってない人の方が多いんだね!もしもらえたらみんなはなににおこづかいを使う?

Q おこづかいはなにに使ってる?

1位 文具 2位 本 3位 飲み物
4位 友達との遊び 5位 コスメ

いろんな使い方があるね!なにに使おうかなやんじゃう~!

モチベアップ・テク紹介

ニコ☆プチ読者モデル（プチ読）のみんなに毎日の勉強のモチベーションを
上げる方法をきいてみたよ。みんなにぴったりのテクが見つかるはず…！

01 文具

自分の好きなものに
囲まれて勉強することで
モチベアップ♡
文具にもこだわるよ。

プチ読のオススメ

- かわいいペンを使うよ！（ERENAちゃん・小6）
- 筆箱は化しょうポーチにもなるような
  かわいいポーチにするとよい！（ゆちゃん・小6）
- かわいいガラの新しいグッズを
  ゲットするとやる気がでるよ。（RIRINちゃん・小6）

プチ読のオススメ

- 勉強後にYouTubeを見たり、ゲームをしたりすることを
  想像してモチベを上げるの♪（もなちゃん・小5）
- テストで100点とったらお父さんとお母さんから
  ごほうびがもらえる！（みーたんちゃん・小2）
- 勉強が終わったらおやつを食べられることにして
  モチベアップ！（キララちゃん・小2）

02 自分にごほうび

がんばった先にある
ごほうびタイムを
想像すれば、やる気が
みなぎってくる！

03 勉強机にひと工夫

勉強机も素敵にデコレーション
してモチベアップ！座りたい
机まわりにすることで、宿題を
やりたくなっちゃうかも！？

プチ読のオススメ

- K-POP大人気グループのグッズを置いて
  モチベアップ♡（みゆちゃん・小5）
- 机の横にぬいぐるみを置いて集中！（りおなちゃん・小5）
- 机の上に好きなキャラクターのグッズを置いて
  やる気アップ！推し活グッズは大事！（ひなたちゃん・小4）

04 いやしグッズ

いやしグッズで心も身体も
リフレッシュ!みんなは
なにいやされてるのかな?

プチ読のオススメ

♥ 多肉植物を置いてモチベ&
いやし度アップ!(こっちゃん・小5)
♥ ねこをなでるといやされるよ☆(あおにゃーちゃん・小6)
♥ クマのグッズにいやされているよ♪
いろんな種類のクマが好き!(つむつむちゃん・小4)

プチ読のオススメ

♥ 勉強前にボーカロイド曲をきくとテンション&
モチベアップ!(ゆあちゃん・小6)
♥ ポップな音楽をきいてモチベを上げるよ。K-POPや
ドラマの主題歌をよくきくかな♪(ナナちゃん・小4)
♥ 音楽をききながら勉強をするよ。今はやりの曲や
TikTokメドレーがオススメ!(みきちゃん・小6)

05 音楽をきく

音楽をきいてモチベを
上げる子がいっぱい!
ノリノリな曲をきいて
テンションを上げよう☆

06 その他

プチ読のみんなが教えて
くれた「モチベアップ♡
テク」はまだまだあるよ!
ここで紹介するね♪

プチ読のオススメ

♥ ママとのハグでモチベアップ♡(みやねこちゃん・小4)
♥ 好きな人が頭が良いから、テストで100点を取って
話しかけるネタを作るの!(みやかちゃん・小5)
♥ 先に遊んでから宿題をするのもオススメ♪先に遊んだ
ことで宿題をしなきゃいけない気持ちになるよ。
(KURUMIちゃん・小5)

親子で知りたい！ YouTubeとの付き合い方

小学生の子どもをもつ保護者 1676 人に「お子さまがよく見る SNS やアプリは？」と聞いたところ、約 7 割が「YouTube」という回答でした。また、家庭学習のおなやみについて聞いたところ、「YouTube と勉強のメリハリがつけられていない」「時間配分がわからない」「学校支給のタブレットがあるから、すぐに YouTube をみてしまう」などのおなやみが多数寄せられました。今回は、本書の監修者である石田先生に「親子でどのようにして YouTube と付き合っていくか」という観点で、お話をうかがいました。

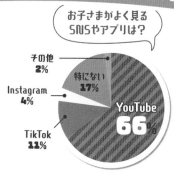

お子さまがよく見る SNS やアプリは？

- YouTube 66%
- 特にない 17%
- TikTok 11%
- Instagram 4%
- その他 2%

▶ YouTube vs 勉強！ メリハリのつけかた

近年、小学生がなりたい職業の 1 位は「YouTuber」となっています。それほど YouTube が子どもたちにあたえるえいきょうは大きいということです。しかしコロナ禍になり、YouTube を見るだけでなく、発信する大人も増えました。それだけ YouTube は私たちにとって身近なものとなっています。YouTube で学習することもあれば、ききたい音楽をきくこともできる多様なメディアになりました。

このように魅力的な YouTube ですから、当然のことながら、一度見始めるとやめられなくなり、いつしか何時間も見ることになります。またテレビと違って、近いきょりで画面を見続けるため、目も悪くなります。良いことがある反面、悪いこともあるわけです。ではどうしたらいいでしょうか。

上手に付き合えばいいわけです。そのためには 2 つのことが必要です。1 つは「時間管理」、もう 1 つは「ルール作り」です。

▶ 「時間管理」と「ルール作り」

時間管理のコツは「見える化」です。『カスタムアイスタディ』の Q&A でも書いているように、いつ何をやるのかを紙に書き出して、終わったら赤ペンで消していきます。その際、動画を先に見るのか、宿題を先にやるのかを決めます。迷ったらどちらの順番も試してみて、動画と宿題の両方ともできる方を選択しましょう。

ルール作りのコツは「親子でいっしょに作る」ことです。親の一方的なルールでは機能しません。

ルールの決め方

❶ 子どもはどう使いたいのかを話す
❷ 親はどう使ってほしいのかを話す
❸ ❶❷をもとに話し合ってルールを決める

ポイント

- ルールを守れなかったときのペナルティも 子ども→親の順で決めておく
- 話し合いの様子を動画でさつえいしておく
- 1 週間試してルールの修正をする

ルール決めは「子ども→親→話し合い」の流れで、子どもが納得するルールで始めることです。しかし、一度決めたルールはほぼ間違いなく守られません。そこで 1 週間後に修正することも、あらかじめ決めておきましょう。

これからの時代は娯楽だけでなく勉強も「ゲーム的、動画で学ぶ・知る・楽しむ」が主流になります。無闇やたらに厳しい制限も良くなく、心身に問題が出るほど自由にやりたい放題するのも良くありません。楽しむことができる水準を親子で決めていくことをおすすめします。

監修者 **石田勝紀**先生

（一社）教育デザインラボ代表理事。20 歳で学習塾を創業し、これまでに 4000 人以上の生徒を直接指導。現在は子育てや教育のノウハウを、「カフェスタイル勉強会〜 Mama Cafe」などを通じて伝えている。

[Voicy]

LET'S STUDY

Custom i Study

~お勉強編~

もくじ

得意なことや誕生日について、英語で話せるようになろう！

 ~英語のお勉強~

敬語を使って話せると、大人っぽくてかっこいい！

 ~国語のお勉強~

「2000円の10%引き」が何円かわかっちゃう！買い物も楽チン♪

~算数のお勉強~

天気の変化にきまりがわかると、天気を予想できるかも！？

 ～理科のお勉強～

地形や気候、産業について学ぶよ♪家の造りは気候によってちがうみたい！

 ～社会のお勉強～

なやみ解決★

おしえてっ！

石田Ⓣ Q&A

みんなの勉強のなやみに石田先生がお答え！ おうちの方といっしょに読んでみてね。

 みんな

勉強っていつすればいいの？ 習い事に宿題に…時間がない！！

 石田先生

そうだね。いつやったらいいか、難しいよね。それは、自分のやることが、なんとなく頭の中に入っているだけだからなんだ。そんな時は、「やることを紙に書き出してみる」といい。手帳に書くのがおすすめだよ。今まで時間がないと思っていたのに、たくさん時間があることがわかるよ。

 みんな

勉強しなさい！って言われるのがイヤ…

 石田先生

なんで、大人は「勉強しなさい！」っていうんだろう？今やるべきことをやっていないと、後が大変だと知っているからじゃないかな。でも、言われるのはイヤだから、「言われる前に先にやってしまう」ために、「いつやるか」を決めておくといいよ。手帳に「6時〜7時で勉強」とか書いておけば、おうちの人もわかってくれるね。（ただし、書いたらその通りやるようにね！）

 みんな

苦手な教科はやる気がしない…

 石田先生

そうだね。でも、苦手といってにげていたら、全くできない教科になるね。いい方法があるよ。それは、「サンドウィッチ方式」という方法。パンでハムをはさんでいるように、勉強するときも「好きな教科→苦手教科→好きな教科」の順にやってしまう。最後に苦手教科が残っているのはイヤだよね。だから苦手教科は好きな教科にはさむといいよ。

 みんな

手帳のポイント制って何？どうすればいいの？

 石田先生

例えば、プリント1枚やったら1ポイントというように、手帳に書いてある「やるべきことを1つやったら入る点数のこと」をポイントというよ。ポイントは君がコツコツがんばった印なんだ。自分がどれだけやったかが「見える」とやる気がでるよね。ポイント制をぜひ試してみてね。

LET'S STUDY

English

~英語のお勉強~

もくじ

スポーツ

1 スポーツを表す単語

声に出しながらなぞってみましょう。

スポーツ [スポート] sport

野球 [ベイスボール]

baseball

バスケットボール [バスケットボール]

basketball

サッカー [サ (ー)ッァ]

soccer

テニス [テニス]

tennis

水泳 [スウィミング]

swimming

陸上競技 [トゥラック アン フィールド]

track and field

 POINTは ココだよ！ soccer は c を、tennis は n を、swimming は m を 2 つ続けるよ！

2 次のことばを表す単語は、それぞれどちらですか。正しいほうの単語の♡に色をぬりましょう。

色ぬり

① バスケットボール

♡ basketball   ♡ baseball

② 水泳

♡ soccer   ♡ swimming

③ 陸上競技

♡ tennis   ♡ track and field

 **POINTは ココだよ！** track では走る競技、field では高とびやほうがん投げなどをするよ。

3

左の絵の道具を使ってするスポーツはどれですか。
線で結びましょう。

① ・　　　　　・ soccer

②  ・　　　　　・ baseball

③ ・　　　　　・ track and field

④  ・　　　　　・ tennis

POINTは
ココだよ！ baseball の ball は「ボール」という意味だよ！

4

次の表は、3人の得意・不得意なスポーツについてまとめたものです。それぞれの文が完成するように、＝＝に単語を書きましょう。

名前	得意なスポーツ	不得意なスポーツ
リク(Riku)	野球(baseball)	陸上競技(track and field)
ナオト(Naoto)	バスケットボール(basketball)	テニス(tennis)
ユウタ(Yuta)	サッカー(soccer)	水泳(swimming)

例　イズ　グッド　アット　ベイスボール
Riku is good at baseball.（リクは野球が得意です。）
　　イズ　ナ(ッ)ット　グッド　アット　トゥラック　アン　フィールド
Riku is not good at track and field.（リクは陸上競技が得意ではありません。）

①　イズ　グッド　アット
Naoto is good at ＿＿＿＿＿＿＿＿＿.（ナオトはバスケットボールが得意です。）

②　イズ　ナ(-)ット　グッド　アット
Yuta is not good at ＿＿＿＿＿＿＿＿＿.（ユウタは水泳が得意ではありません。）

POINTは
ココだよ！  ②は表の「不得意なスポーツ」のところに注目してみよう。

月の名前

5
えいご

月の名前

声に出しながらなぞってみましょう。

1月[**ヂャ**ニュエリィ] 2月[**フェ**ビュエリィ] 3月[**マ**ーチ] 4月[**エ**イプリル]

January   February   March   April

5月[**メ**イ] 6月[**ヂュ**ーン] 7月[**ヂュ**ライ] 8月[**オ**ーガスト] 9月[セプ**テ**ンバァ]

May   June   July   August   September

10月[ア(ー)ク**ト**ウバァ] 11月[ノウ**ヴェ**ンバァ] 12月[ディ**セ**ンバァ]

October   November   December

POINTは
ココだよ！   月の名前は大文字で書き始めるよ！　リズムに乗って言ってみよう♪

6
えいご

１月から 12 月までの順番になるように、＝＝にあてはまる
月の名前を右下から選んで書きましょう。

スタート

January   ❶→＿＿＿＿   ❷→＿＿＿＿
（1月）   （2月）   （3月）

❸＿＿＿＿

July ← June ← ＿＿＿＿ ← April
（7月） （6月） （5月）   （4月）

August → September → October
（8月）   （9月）   （10月）

ゴール December ← ❹＿＿＿＿
（12月）   （11月）

| May |
| February |
| March |
| November |

POINTは
ココだよ！   3月と5月はどちらも M で書き始めるよ。まちがえないようにね！

English

英語のお勉強

02

下のアルファベットの中から、右の❶～❸の月の名前を表す単語を
さがして、〇で囲みましょう。

N	z	J	d	c	F	x	A
G	i	u	f	D	q	p	e
J	a	n	u	a	r	y	h
v	W	e	O	i	p	u	A
M	a	y	l	r	a	S	b

例 M a y （例の行は〇で囲まれている）

例 5月

❶ 1月
　ヒント：Jで始まるよ！
❷ 4月
　ヒント：Aで始まるよ！
❸ 6月
　ヒント：eで終わるよ！

POINTは
ココだよ！ ①は横、②はななめ、③はたての方向にさがしてみると見つかるよ！

あなたは、クラスに転校してきたボブ（Bob）に質問をします。2人
の会話が成り立つように、＝＝に月の名前を英語で書きましょう。
[ ]には日にちを、（ ）には数字を入れましょう。

あなた （フ）ウェン イズ ユア バースデイ
When is your birthday? （あなたの誕生日はいつ？）

Bob マイ バースデイ イズ ❶_____13th.
（ぼくの誕生日は7月13日だよ。）
（フ）ウェン イズ ユア バースデイ
When is your birthday?

あなた マイ バースデイ イズ ❷_____[ ].
（わたしの誕生日は（ ）月（ ）日だよ。）

POINTは
ココだよ！ 友達の誕生日を英語で質問してみよう。付録の手帳にチェックしておこう！

季節・行事

9 えいご

季節を表す単語
声に出しながらなぞってみましょう。

季節 [**スィーズン**] season

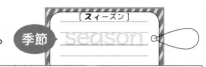

春 [**スプリング**] spring

夏 [**サマァ**] summer

[**オータム**] autumn / 秋 [**フォール**] fall

冬 [**ウィンタァ**] winter

POINTはココだよ! 秋は autumn と fall のどちらでも表せるよ。

10 えいご

行事を表す単語
声に出しながらなぞってみましょう。

1/1

元日 [**ヌー イアズ デイ**] New Year's Day

3/3

ひな祭り [**ダールズ フェスティヴァル**] Dolls' Festival

5/5

こどもの日 [**チルドゥレンズ デイ**] Children's Day

7/7

七夕 [**スター フェスティヴァル**] Star Festival

POINTはココだよ! festival は「祭り」という意味だよ。v は下くちびるをかんで発音しよう♪

English

下の絵が表す日本の行事とその行事が行われる季節に
ふさわしいものを、それぞれ線で結びましょう。

❶ ❷ ❸

| Children's Day | New Year's Day | Star Festival |

| summer | spring | winter |

POINTは
ココだよ！

children は「こども」、new year は「新年」、star は「星」という意味だよ！

あなたはアンナ（Anna）の部屋に遊びに来ました。部屋にかざって
ある写真の説明に合うように、＝＝にあてはまる単語を下から選ん
で書きましょう。

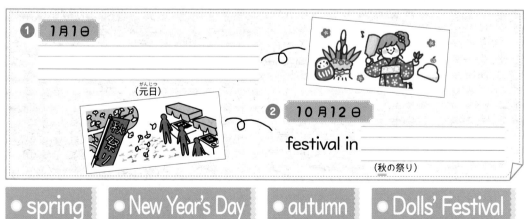

❶ 1月1日

（元日）

❷ 10月12日

festival in _____
（秋の祭り）

● spring　　● New Year's Day　　● autumn　　● Dolls' Festival

POINTは
ココだよ！

②の「秋」は英語で2通り表現できたね。書くときはつづりに注意しよう！

English

曜日の名前・教科

13 えいご　曜日の名前
声に出しながらなぞってみましょう。

月曜日 [**マンデイ**]
Monday

火曜日 [**トゥーズデイ**]
Tuesday

水曜日 [**ウェンズデイ**]
Wednesday

木曜日 [**サーズデイ**]
Thursday

金曜日 [**フライデイ**]
Friday

土曜日 [**サタデイ**]
Saturday

日曜日 [**サンデイ**]
Sunday

POINTは
ココだよ！

曜日の名前は月の名前と同じで、大文字で書き始めるよ！

14 えいご　教科を表す単語
声に出しながらなぞってみましょう。

教科　[サブジェクト]
subject

英語 [**イングリッシ**]
English

算数 [**マス**]
math

国語 [**ジャパニーズ**]
Japanese

理科 [**サイエンス**]
science

社会 [**ソウシャル スタディズ**]
social studies

体育 [**ピーイー**]
P.E.

音楽 [**ミューズィック**]
music

図画工作 [**アーツ アンド クラフツ**]
arts and crafts

POINTは
ココだよ！

すべてなぞったら、今週の時間割を英語で言ってみよう！

English

15 えいご

❶の＿＿にあてはまる曜日の名前を下から選んで書きましょう。また、❷の●、▲、■にあてはまるアルファベットを＿＿に書きましょう。それぞれの●、▲、■には同じアルファベットが入ります。

❶ ○ Monday—＿＿(ア)＿＿—＿＿(イ)＿＿—Thursday
（月曜日）　　（火曜日）　　　　（水曜日）　　（木曜日）

Sunday　Wednesday　Saturday　Tuesday

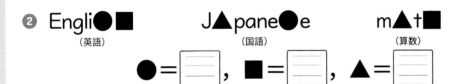

❷ Engli●■　　　　J▲pane●e　　　　m▲t■
（英語）　　　　　　　（国語）　　　　　　　（算数）

●＝＿＿,　■＝＿＿,　▲＝＿＿

POINTはココだよ！　「英語」や「国語」を英語で表すときは大文字で書き始めることを覚えておこう！

English

16 えいご

あなたは、時間割表を見ながら、マイク（Mike）と明日の時間割について話しています。会話に合うように、＿＿に単語を書きましょう。

時　間　割　表		
月	木	金
1	英語	算数	国語
2	体育	理科	算数
3	算数	国語	英語
4	音楽	社会	道徳
昼休み		
5	社会	家庭	体育
6	国語	図工	理科

あなた

イット イズ　　　　　　　　　　　　　　　トゥマ(ー)ロウ
It is ＿＿＿＿＿＿＿＿ tomorrow.
（明日は金曜日だね。）

ウィー ハブ ピーイー アンド
We have P.E. and ＿＿＿＿＿
クラッスィーズ イン ズィ アフタヌーン
classes in the afternoon.
（午後に体育と理科の授業があるね。）

Mike

POINTはココだよ！　金曜日の午後の時間割に注目しよう。「理科」のつづりに注意だよ。

English

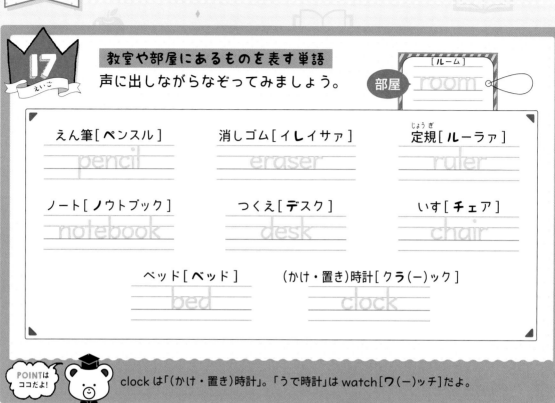

17
えいご

教室や部屋にあるものを表す単語
声に出しながらなぞってみましょう。

部屋 → [ルーム] room

えん筆[**ペンスル**] pencil

消しゴム[**イ レ イ サァ**] eraser

定規[**ル ー ラァ**] ruler

ノート[**ノウトブック**] notebook

つくえ[**デスク**] desk

いす[**チェア**] chair

ベッド[**ベッド**] bed

(かけ・置き)時計[**クラ(ー)ック**] clock

POINTはココだよ！ clock は「(かけ・置き)時計」。「うで時計」は watch[**ワ(ー)ッチ**]だよ。

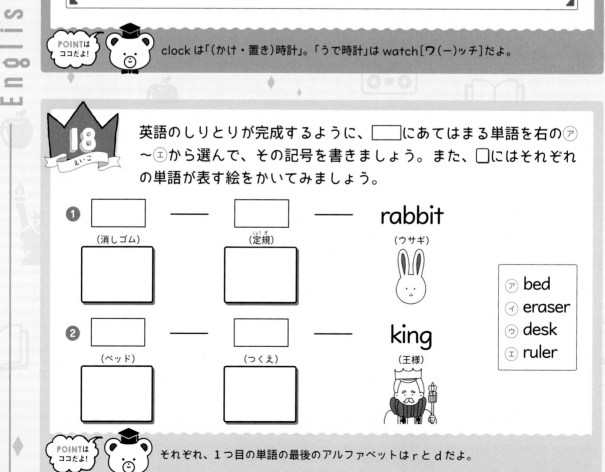

18
えいご

英語のしりとりが完成するように、□□にあてはまる単語を右の㋐〜㋑から選んで、その記号を書きましょう。また、□にはそれぞれの単語が表す絵をかいてみましょう。

❶ [　　] — [　　] — **rabbit**

（消しゴム）　（定規）　（ウサギ）

❷ [　　] — [　　] — **king**

（ベッド）　（つくえ）　（王様）

㋐ bed
㋑ eraser
㋒ desk
㋓ ruler

POINTはココだよ！ それぞれ、1つ目の単語の最後のアルファベットは r と d だよ。

19

絵に合う単語になるように、＝＝にアルファベットの a，c，e，k のいずれかを1つずつ入れましょう。

❶ cloc＿＿

❷  ch＿＿ir

❸ not＿＿book

❹ pen＿＿il

 ＝＝に入るアルファベットは、書くときにまちがえやすいところだよ！

20

ミホ(Miho)は自分の部屋でノートとえん筆をさがしています。絵を見て＝＝に単語を入れて、ミホの質問に答える英文を完成させましょう。

Miho

わたしのノートとえん筆はどこにある？いっしょにさがして！

❶ ユア Your ＿＿＿＿ イズ ア(ー)ン ザ is on the ＿＿＿＿.

（あなたのノートはつくえの上にあります。）

❷ ユア Your ＿＿＿＿ イズ アンダァ ザ is under the ＿＿＿＿.

（あなたのえん筆はベッドの下にあります。）

 ノートは英語では[ノゥトブック]なので、注意しよう！

答え3ページ **031**

あいさつ

06

English

21 えいご いろいろなあいさつの表現を、声に出して読んでみよう。

一日の主なあいさつ

朝　おはようございます。　[グッド モーニング]
Good morning.

昼　こんにちは。　[グッド アフタヌーン]
Good afternoon.

夕方　こんばんは。　[グッド イーヴニング]
Good evening.

夜　おやすみなさい。　[グッド ナイト]
Good night.

その他のあいさつ

こんにちは。
[ヘロゥ]　[ハイ]
Hello. / Hi.

さようなら。
[グッドバイ]　[スィー ユー]
Goodbye. / See you.

ありがとう。
[サンキュー]
Thank you.

どういたしまして。
[ユア ウェルカム]
You're welcome.

ごめんなさい。
[アイム サ(ー)リィ]
I'm sorry.

はじめまして。
[ナイス トゥ ミーチュー]
Nice to meet you.

英語はココまで！ Nice to meet you. と言われたら、Nice to meet you, too.「こちらこそ。」と返すよ。

032

LET'S STUDY Japanese

～国語のお勉強～

もくじ

漢字の成り立ち

漢字の成り立ちの種類

次の表の（　　）にあてはまる言葉を、
後の◻︎から選んで書きましょう。

象形文字 しょうけい	目に見える物の（❶　　　　）を、具体的に表したもの。	例	☽ →夕→ 月
指事文字 しじ	目に見えない事がらを、（❷　　　　）などを使って表したもの。	例	一、二、三
会意文字 かいい	いくつかの漢字の（❸　　　　）を組み合わせたもの。	例	木 ＋ 木 ＝ 林
形声文字 けいせい	（❹　　　　）を表す部分と、意味を表す部分を組み合わせたもの。	例	艹（意味）＋ 化（❹）＝ 花

横線の数が意味を表す。

記号　　意味　　音　　形

POINTは
ココだよ！

漢字の成り立ちには大きく4つのパターンがあるんだよ！

次の漢字の成り立ちを、後の㋐〜㋓の中から
1つずつ選びましょう。

❶ | 人 ＋ 言 ＝ 信 | ・ | 田 ＋ 力 ＝ 男 |　　　　　　　（　　　　）

❷ | 艹 ＋ 早 ＝ 草 | ・ | 辶 ＋ 束 ＝ 速 |　　　　　　　（　　　　）

❸ | 🖐 → 手 → 手 |　　　　　　　　　　　　　　（　　　　）

❹  ・ 　　　　　　　（　　　　）

㋐　会意文字 かいい　　㋑　形声文字 けいせい　　㋒　指事文字 しじ　　㋓　象形文字 しょうけい

POINTは
ココだよ！

②「草」は「艹」が漢字の意味を表しているよ。「早」は「ソウ」と読むね！

3 こくご

象形文字、指事文字、会意文字、形声文字を
□の中から2つずつ選んで書きましょう。

校	二	岩	目

畑	車	河	中

❶ 象形文字　　（　　・　　）　　　**❷** 指事文字　　（　　・　　）

❸ 会意文字　　（　　・　　）　　　**❹** 形声文字　　（　　・　　）

POINTは
ココだよ！

「岩」は「山」と「石」、「畑」は「火」と「田」に分けられるね！

4 こくご

次の文の＿＿線部の漢字から、指定された成り立ちの漢字を、
1つずつぬき出しましょう。

❶ 遠くの方で、馬の鳴く声がするね。　　　　象形文字（しょうけい）　（　　）

❷ わたしは、三姉妹（しまい）の長女です。　　指事文字（しじ）　（　　）

❸ 明日は晴れるといいな。　　会意文字（かいい）　（　　）

❹ 大会で銅（どう）メダルを取った。　　　　形声文字（けいせい）　（　　）

❺ 夕ぐれは寒いから、息が白くなるね。　　会意文字（かいい）　（　　）

POINTは
ココだよ！

④「銅」の「同」は何と読むかな？

熟語(じゅくご)の組み立て

5 こくご

二字熟語の組み立て

次の表の(　　)にあてはまる言葉を、後の[　　]から選んで書きましょう。

(❶　　　　)の似(に)ている字を重ねる	[例] 道路:(みち)=(みち)
意味が(❷　　　　)になる字を重ねる	[例] 遠近:(とおい)⇔(ちかい)
前の漢字が後の漢字をくわしく説明(修飾(しゅうしょく))する	[例] 他人:(他(ほか)の人(ひと))
(❸　　　　)・述語(じゅつご)の関係	[例] 人造(じんぞう):(人が造(つく)る)
前の漢字が動作、後の漢字が(❹　　　　)を表す	[例] 登山:(山を登る)

目的　対(つい)　意味　主語

POINTはココだよ!　たとえば「青空」という熟語は「青い」が「空」を修飾しているね!

6 こくご

次の熟語とその組み立てを線で結びましょう。

❶ 前後　・　　　・　㋐ 意味が対(つい)になる字を重ねる

❷ 出発　・　　　・　㋑ 主語・述語(じゅつご)の関係

❸ 読書　・　　　・　㋒ 意味の似(に)ている字を重ねる

❹ 国立　・　　　・　㋓ 前が動作、後が目的を表す

POINTはココだよ!　④「国立公園」のように使われる熟語で、「国が立てる」という意味だよ!

次の❶～❻の熟語が、対の意味の字を重ねた組み立てになるように、□に入る漢字を書きましょう。

例 左右

❶ 長□　　❷ □少　　❸ □女

❹ □買　　❺ 強□　　❻ □敗

POINTはココだよ！
⑥「敗」は「負ける」という意味だよ。

❶～❺の組み立てになるように、後の□□から漢字を2つずつ選んで、熟語を作りましょう。（同じ漢字は二度使えません。）

❶ 主語・述語の関係の熟語　（例 人造）　　（　　　　　）

❷ 意味が対になる字を重ねる熟語　（例 遠近）　　（　　　　　）

❸ 意味の似ている字を重ねる熟語　（例 道路）　　（　　　　　）

❹ 前の漢字が後の漢字をくわしく説明する熟語　（例 他人）　　（　　　　　）

❺ 前の漢字が動作、後の漢字が目的を表す熟語　（例 登山）　　（　　　　　）

| 線 | 思 | 天 | 日 | 曲 |
| 考 | 作 | 照 | 文 | 地 |

POINTはココだよ！
②「天」の対の意味の漢字、③「思」と似た意味の漢字を見つけよう！

漢字の読み書き①

9

次の漢字をなぞりましょう。
漢字の読みを後の□□から選んで、（　　）に書きましょう。

❶ 混じる （　　　　）
❷ 仮設 （　　　　）
❸ 構造 （　　　　）
❹ 保険 （　　　　）

❺ 防ぐ （　　　　）
❻ 準備 （　　　　）
❼ 採る （　　　　）
❽ 情勢 （　　　　）

❾ 修める （　　　　）
❿ 導く （　　　　）
⓫ 綿 （　　　　）
⓬ 築く （　　　　）

| わた　きず　ふせ　と　おさ　みちび　ま |
| じゅんび　こうぞう　ほけん　じょうせい　かせつ |

POINTはココだよ！ ⓫の「綿」は、訓読みで答えよう！

10

次の文の___線部の読みを、
㋐〜㋒の中から1つずつ選びましょう。

❶ 問題について学級会を設けることにした。　　　　（　　　　）
　㋐ あける　　㋑ もうける　　㋒ つける

❷ 防災のためにできることを考えよう！　　　　（　　　　）
　㋐ ぼうび　　㋑ ふさい　　㋒ ぼうさい

❸ 仮の数字で計算してみる。　　　　（　　　　）
　㋐ かり　　㋑ べつ　　㋒ また

❹ りかのお父さんは建築家なの。　　　　（　　　　）
　㋐ けんたく　　㋑ けんちく　　㋒ けんぞう

POINTはココだよ！ ❶「設ける」は、「用意する」という意味だよ！

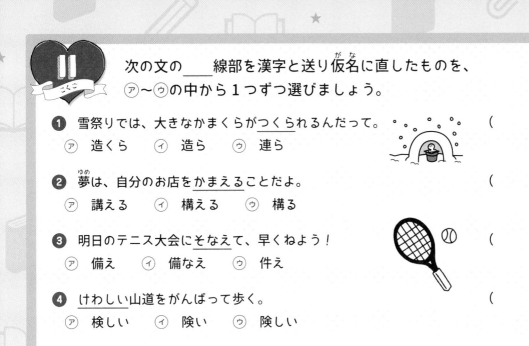

11 次の文の___線部を漢字と送り仮名に直したものを、㋐〜㋒の中から1つずつ選びましょう。

❶ 雪祭りでは、大きなかまくらが<u>つくら</u>れるんだって。　（　　　）
　　㋐ 造くら　　㋑ 造ら　　㋒ 連ら

❷ 夢は、自分のお店を<u>かまえる</u>ことだよ。　（　　　）
　　㋐ 講える　　㋑ 構える　　㋒ 構る

❸ 明日のテニス大会に<u>そなえて</u>、早くねよう！　（　　　）
　　㋐ 備え　　㋑ 備なえ　　㋒ 件え

❹ <u>けわしい</u>山道をがんばって歩く。　（　　　）
　　㋐ 検しい　　㋑ 険い　　㋒ 険しい

POINTはココだよ！ ②「かまえる」は、「りっぱにつくり上げる」という意味だよ！

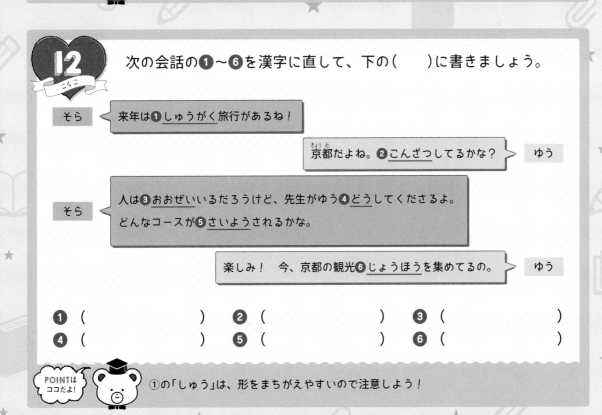

12 次の会話の❶〜❻を漢字に直して、下の（　　）に書きましょう。

そら　来年は❶<u>しゅうがく</u>旅行があるね！

ゆう　京都だよね。❷<u>こんざつ</u>してるかな？

そら　人は❸<u>おおぜい</u>いるだろうけど、先生がゆう❹<u>どうして</u>くださるよ。どんなコースが❺<u>さいよう</u>されるかな。

ゆう　楽しみ！　今、京都の観光❻<u>じょうほう</u>を集めてるの。

❶ （　　　　　）　❷ （　　　　　）　❸ （　　　　　）
❹ （　　　　　）　❺ （　　　　　）　❻ （　　　　　）

POINTはココだよ！ ①の「しゅう」は、形をまちがえやすいので注意しよう！

Japanese

13 こくご

和語・漢語・外来語・複合語

次の表の(　　)にあてはまる言葉を、
後の◻︎から選んで書きましょう。

(❶　　)	日本にもともとあった言葉。訓読みをする。	例 草、山
(❷　　)	中国から入ってきた言葉。音読みをする。 日本で作ったものもある。	例 科学
(❸　　)	アメリカやヨーロッパから入ってきた言葉。 片仮名で書くことが多い。	例 アドバイス
(❹　　)	２つ以上の言葉が結びつき１つの言葉になったもの。	例 うで時計

外来語　　複合語　　和語　　漢語

POINTは
ココだよ！ 「複合語」の組み合わせは「和語＋和語」「和語＋外来語」などいろいろあるよ！

14 こくご

＿＿＿線部の言葉の種類を、
後の㋐〜㋓の中から１つずつ選びましょう。

❶ 今日の夕方、電話をかけるからね！　　　　　　　　　　　(　　　)

❷ ゆいちゃんからメッセージがとどいたよ。　　　　　　　　(　　　)

❸ まどガラスをきれいにみがいておこう。　　　　　　　　　(　　　)

❹ このケーキは生物だから今日中に食べなくちゃ。　　　　　(　　　)

㋐ 和語　　㋑ 漢語　　㋒ 外来語　　㋓ 複合語

POINTは
ココだよ！ 「生物」は、和語と漢語で読み方がちがうよ！

15

和語・漢語・外来語・複合語を、
後の□□の中から２つずつ選んで書きましょう。

❶ 和語 （　　　　　）　　　❷ 漢語 （　　　　　）
　　　　　（　　　　　）　　　　　　　（　　　　　）

❸ 外来語 （　　　　　）　　　❹ 複合語 （　　　　　）
　　　　　（　　　　　）　　　　　　　（　　　　　）

辞書　　指輪　　アート　　ボール投げ
急カーブ　　学校　　歌声　　マナー

　「歌声」は音読み？　訓読み？

16

次の複合語の組み合わせを、
後の㋐〜㋕の中から１つずつ選びましょう。

❶ スイミング教室 （　　　）　　❷ 年賀はがき　　　（　　　）

❸ 家族旅行　　　（　　　）　　❹ オレンジジュース （　　　）

❺ 夏休み　　　　（　　　）　　❻ 紙コップ　　　　（　　　）

㋐ 和語＋和語　　㋑ 漢語＋和語　　㋒ 漢語＋漢語
㋓ 外来語＋漢語　　㋔ 外来語＋外来語　　㋕ 和語＋外来語

　⑤「夏休み」は、「夏（訓読み）」＋「休み（訓読み）」だね！

敬語

17 こくご

敬語の種類

次の表の（　）にあてはまる言葉を、
後の㋐〜㋒の中から１つずつ選びましょう。

（ ① ）	事がらをていねいに表現して、話し相手に敬意を表す。	例	明日は晴れです。学校に行き<u>ます</u>。
（ ② ）	話し相手や話題になっている人をうやまって、敬意を表す。	例	社長が<u>お帰りになる</u>。本を<u>読まれる</u>。先生が<u>いらっしゃる</u>。
（ ③ ）	自分や身内の動作をけんそんして、相手に敬意を表す。	例	お客様を<u>お待ちする</u>。おかしを<u>いただく</u>。

㋐　けんじょう語　　㋑　ていねい語　　㋒　尊敬語

POINTは
ココだよ！　「敬語」は場面に応じて使い分けるよ。

---

18 こくご

次の＿＿線部の敬語の種類を、
後の㋐〜㋒の中から１つずつ選びましょう。

❶ 姉とそちらに<u>うかがい</u>ます。　　　（　　　）

❷ 留学生の名前はジョン<u>です</u>。　　　（　　　）

❸ どうぞ<u>めし上がって</u>ください。　　（　　　）

❹ お客様のかばんを<u>お持ちする</u>。　　（　　　）

❺ わたしも、そのリボンが良いと思い<u>ます</u>。（　　　）

㋐　ていねい語　　㋑　尊敬語　　㋒　けんじょう語

POINTは
ココだよ！　主語が相手側なら尊敬語、自分側ならけんじょう語だよ。

19

次の文を、＿＿線部の相手に対する敬語にするとき、
（　）の中のふさわしいほうを選んで、〇で囲みましょう。

❶ お客様のペンはこちら（　です　・　だ　）。

❷ 先生から本を（　もらう　・　いただく　）予定です。

❸ ピアノの先生から話を（　聞き　・　うかがい　）ました。

❹ そちらはお客様が（　お使いになる　・　お使いする　）ものです。

❺ 先生が注意点を（　申します　・　おっしゃいます　）。

POINTは
ココだよ！

②「いただく」は「食べる」「もらう」のけんじょう語だよ！

20

次の＿＿線部を■■の敬語に直して、文を書き直しましょう。

❶ これはわたしのかさだ。
　ていねい語　（　　　　　　　　　　　　　　　　　　　　　　　）

❷ 先生が、教室に来る。
　尊敬語　（　　　　　　　　　　　　　　　　　　　　　　　）

❸ えんりょなく、リンゴをもらいます。
　けんじょう語　（　　　　　　　　　　　　　　　　　　　　　　　）

❹ 父がお客様を送る。
　けんじょう語　（　　　　　　　　　　　　　　　　　　　　　　　）

POINTは
ココだよ！

②③は特別な言葉を使った言い方に直そう！

漢字の読み書き②

21 こくご

次の漢字をなぞりましょう。
漢字の読みを後の▢から選んで、（　　）に書きましょう。

❶ 増水　　　❷ 再燃　　　❸ 責任　　　❹ 比率
（　　　）　　（　　　）　　（　　　）　　（　　　）

❺ 減る　　　❻ 額　　　　❼ 余る　　　❽ 職務
（　　　）　　（　　　）　　（　　　）　　（　　　）

❾ 招く　　　❿ 移す　　　⓫ 制限　　　⓬ 示す
（　　　）　　（　　　）　　（　　　）　　（　　　）

> うつ　しめ　あま　まね　ひたい　へ
> ぞうすい　しょくむ　せいげん　さいねん　ひりつ　せきにん

POINTは ココだよ！ ④「比」は４画だよ！　⑥は訓読みで答えよう！

22 こくご

次の文の＿＿＿線部の読みを、
㋐〜㋒の中から１つずつ選びましょう。

❶ いすを移動させるときは気をつけようね。　　　　　　　（　　　）
　㋐ うどう　　㋑ いどう　　㋒ いそう

❷ 先生の指示のとおりに整列しよう。　　　　　　　　　（　　　）
　㋐ さしず　　㋑ ゆびじ　　㋒ しじ

❸ お母さんは、わたしを責めないではげましてくれた。　（　　　）
　㋐ せめ　　㋑ ほめ　　㋒ やめ

❹ クリスマスのかざりつけは任せるよ。　　　　　　　　（　　　）
　㋐ にんせる　　㋑ まかせる　　㋒ よせる

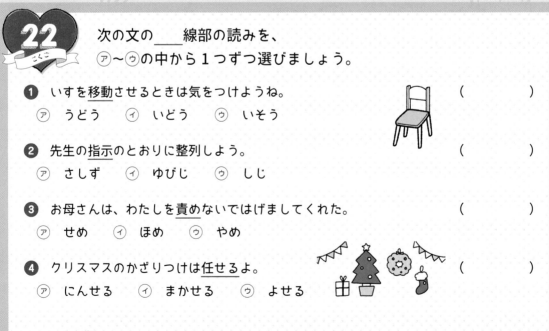

POINTは ココだよ！ ④「任せる」は、送り仮名もまちがえやすいので、覚えておこう！

23 次の文の＿＿＿線部を漢字と送り仮名に直したものを、
　　　　㋐～㋒の中から１つずつ選びましょう。

❶ 委員長の役目を無事に<u>つとめる</u>ことができたよ。　　　　　　　（　　　　）

　㋐　務める　　㋑　務る　　㋒　努める

❷ まんがが<u>ふえる</u>一方で、しまう場所がなくなっちゃった。　　（　　　　）

　㋐　負える　　㋑　増える　　㋒　増る

❸ しばらくして、<u>ふたたび</u>音が聞こえてきた。　　　　　　　　　（　　　　）

　㋐　再び　　㋑　再たび　　㋒　再たたび

❹ 海は、昨日（きのう）に<u>くらべる</u>と、ずっとおだやかだね。　　（　　　　）

　㋐　比る　　㋑　比べる　　㋒　比らべる

POINTは
ココだよ!

①「務」は「任務」、「努」は「努力」などの言葉に使われているよ。

24 次の日記の❶～❺を漢字に直して、
　　　　下の（　　）に書きましょう。

> **〇月△日**
> 今日、ゴミしょり場へ❶<u>しょくば</u>見学に行ったよ。
> ❷<u>もえる</u>ゴミの多さに本当におどろいちゃった。
> みんなが❸<u>よぶん</u>な物を買わずに生活するだけで、
> ゴミの量を❹<u>げんしょう</u>させて、❺<u>かぎりあるしげん</u>を
> 大切にすることにもつながるんだって。

❶（　　　　　　　）　❷（　　　　　　　）　❸（　　　　　　　）
❹（　　　　　　　）　❺（　　　　　　　）

POINTは
ココだよ!

①②は画数の多い漢字だから、線や点の数に気をつけてね。

日本で使う文字

25 こくご

日本語の表記

次の表の（　）にあてはまる言葉を、
後の◯◯から選んで書きましょう。

表意文字	一字一字が意味を表す。日本語では（❶　　　）。
表音文字	意味を表さず音だけを表す。日本語では（❷　　　）。
漢字仮名交じり文	読み手に（❸　　　）が伝わりやすいように、漢字と仮名を交ぜて使う。現在は、A、B、Cなどの（❹　　　）を交ぜて使うこともある。

仮名　　　漢字　　　アルファベット　　　意味

POINTは
ココだよ！　　仮名の種類には、平仮名と片仮名があるよ！

26 こくご

次の説明文にあてはまるものを、
後のふせんから選んで書きましょう。

❶ その字自体に意味があり、日本では漢字にあたる文字。　　　（　　　）

❷ 意味は表さず、音だけを表す文字。　　　（　　　）

❸ 古代の「ゐ」の現代の表記。　　　（　　　）

❹ 古代の「ゑ」の現代の表記。　　　（　　　）

● 表音文字　　　● え　　　● 表意文字　　　● い

POINTは
ココだよ！　　表音文字は「音」を表す文字、表意文字は「意味」を表す文字だよ。

27

次の文が分かりやすくなるように、
＿＿線部を漢字や片仮名（かたかな）に書き直しましょう。

❶ 今日は<u>はは</u>は外出しています。 （　　　　　　）

❷ お店を調べたいから、<u>ぱそこん</u>を使ってもいい？ （　　　　　　）

❸ どこの<u>びょういん</u>に行ってるの？ （　　　　　　）

❹ まだ<u>あつい</u>から、この洋服を着るのは早いかな。 （　　　　　　）

❺ この本の<u>しゅじんこう</u>、すごくかっこいいね！ （　　　　　　）

POINTは
ココだよ！　読みやすい文になるように、ふだんからなるべく漢字を使おう！

28

次の文章を、漢字仮名（かな）交じり文で書き直しましょう。
漢字に直せるものは、できるだけ漢字に直しましょう。

〇月△日

きょうはかいせいです。ははははるだねといっていました。
（　　　　　　　　　　　　　　　　　　　　　　　）
でも、てんきよほうで、きおんがていかするといっていたから、
（　　　　　　　　　　　　　　　　　　　　　　　）
あたらしいふくはまたのきかいにきようかな。
（　　　　　　　　　　　　　　　　　　　　　　　）

POINTは
ココだよ！　「物の名前」や「動き、様子を表す言葉」を漢字に直してみよう！

Japanese

29 こくご

「かぐやひめ」の名でも知られている、
古典の「竹取物語」の始まりの部分を読んでみましょう。

　今は昔、竹取のおきなといふも
のありけり。野山にまじりて竹を
取りつつ、よろづのことに使ひけ
り。名をば、さぬきのみやつこと
なむいひける。

🈐 **訳** 今では昔のことだが、竹取のじい
さんという人がいた。野山に分け入っ
て竹を取り、いろいろなことに使って
いた。名前を、さぬきのみやつこといっ
た。

　その竹の中に、もと光る竹なむ
一すぢありける。あやしがりて、
寄りて見るに、つつの中光りたり。
それを見れば、三寸ばかりなる人、
いとうつくしうてゐたり。

訳 （ある日）その竹林で、根元が光っ
ている竹が一本あった。不思議に思い、
近寄って見ると、竹のつつの中が光っ
ていた。それを見ると、三寸（約九セ
ンチメートル）ほどの大きさの人が、大
変かわいらしい様子ですわっていた。

「竹取物語」は日本で一番古い物語といわれているよ。

Mathematics

LET'S STUDY

~算数のお勉強~

もくじ

整数と小数

1 さんすう

小数点の移り方

次の(　)の正しいほうを選んで、○で囲みましょう。

1. 整数や小数を、10倍、100倍、1000倍すると、小数点は(右 ・ 左)にそれぞれ1けた、2けた、3けた移ります。

2. 整数や小数を、$\frac{1}{10}$、$\frac{1}{100}$、$\frac{1}{1000}$にすると、小数点は(右 ・ 左)にそれぞれ1けた、2けた、3けた移ります。

3. ㋐ 3.7 は 0.37 の(10倍 ・ $\frac{1}{10}$)の数です。

   ㋑ 3.7 は 370 の(100倍 ・ $\frac{1}{100}$)の数です。

ヒント

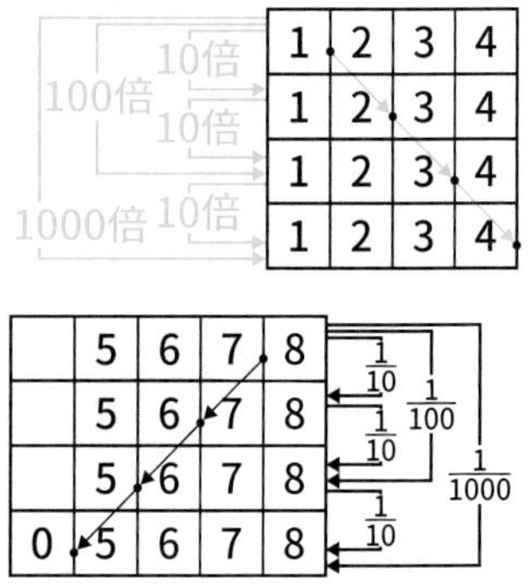
10倍
100倍
10倍
1000倍
10倍
1.234
12.34
123.4
1234.
5.678
$\frac{1}{10}$
$\frac{1}{100}$
$\frac{1}{1000}$
0.5678

POINTはココだよ! $\frac{1}{10}$にすることは、10でわることと同じだよ。

2 さんすう

次の計算をしましょう。

1. 0.82×10＝□
2. 5.14×100＝□
3. 0.79×1000＝□
4. 2.6÷10＝□
5. 48.3÷100＝□
6. 90.5÷1000＝□

ヒント
100でわることと、$\frac{1}{100}$にすることは同じだよ。

ヒント
1000でわることと、$\frac{1}{1000}$にすることは同じだよ。

POINTはココだよ! 小数点が右または左に何けた移るか考えるよ。

答え7ページ

算数のお勉強
02

体積

3 さんすう

体積の公式

次の□にあてはまることばをかきましょう。

① 直方体の体積＝たて×□×高さ

② 立方体の体積＝1辺×1辺×□

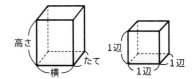

高さ　横　たて　1辺　1辺　1辺

体積の単位

次の□にあてはまる数をかきましょう。

③ $1 m^3 =$ □ cm^3

④ $1 L =$ □ cm^3

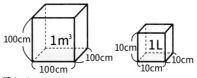

100cm　1m³　100cm　100cm　10cm　1L　10cm　10cm

ヒント　1L は 1辺が 10cm の立方体のいれものと同じ体積だよ。

POINTは ココだよ！  1辺が 1cm の立方体の体積を 1cm³ とかいて、「1 立方センチメートル」とよむよ。

4 さんすう

次の直方体や立方体の体積を求めましょう。

①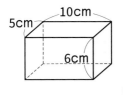

5cm　10cm　6cm

（　　　　　）cm³

②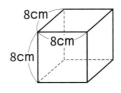

8cm　8cm　8cm

（　　　　　）cm³

③

5cm　10cm　3cm

（　　　　　）cm³

④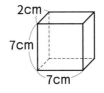

2cm　7cm　7cm

（　　　　　）cm³

POINTは ココだよ！  直方体の体積は、たて、横、高さがそれぞれ何 cm かかくにんして求めよう！

小数のかけ算

小数をかける筆算

次の□にあてはまる数をかきましょう。

```
    2 . 6   1けた
×   3 . 4   1けた
─────────
1 □   4
□     8
□.□   4   2けた
```

○ かけられる数の小数点から下のけた数が

ア□ けた、かける数の小数点から下のけた数が

イ□ けただから、積の小数点から下のけた数は、

ア□ ＋ イ□ で ウ□ けたになります。

小数をかける筆算のしかた
①小数点がないものとして、計算します。
②積の小数点から下のけた数は、かけられる数とかける数の小数点から下のけた数の和にします。

POINTはココだよ！ 小数のかけ算では、小数点から下のけた数に注目するよ。

次の計算をしましょう。

①
```
   4.1
 ×8.3
```

②
```
   0.35
 ×  6.8
```

③
```
   0.4
 ×2.36
```

POINTはココだよ！ 整数のかけ算と同じように筆算してから、積に小数点をうつよ。

次の問題に答えましょう。

① かけ算について、かける数と積の大きさの関係をまとめました。

□にあてはまる等号や不等号をかきましょう。

かける数＞1 ⇒ 積 □ かけられる数

かける数＝1 ⇒ 積 □ かけられる数

かける数＜1 ⇒ 積 □ かけられる数

ヒント
18 の例で考えよう。
18 × 1.2 ＝21.6
かけられる数　かける数
18×1＝18
18×0.8＝14.4

② あ〜うのかけ算の中から、積が 20 より大きくなる式を選んで、記号で答えましょう。

あ 20×0.2　　い 20×1.5　　う 20×1

(　)

 かける数を見ると、積とかけられる数の大小関係がわかるね！

 ポットにお茶が 4.7L はいっています。水とうにはいっているお茶の量は、ポットにはいっているお茶の 0.3 倍です。水とうにはいっているお茶は何 L ですか。次の問題に答えましょう。

① 式をかきましょう。

□×□

ヒント
「0.3 倍」のように、小数を使って、「何倍」と表すこともあるよ。

② 筆算をしましょう。

③ 答えをかきましょう。

□ L

 答えの小数点をうつ位置に注意しようね。

小数のわり算

9　さんすう

小数でわる筆算

次の □ にあてはまる数をかきましょう。

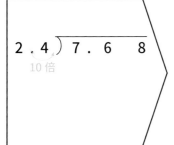

2.4) 7.6 8
10倍

2.4) 7.6.8
10倍

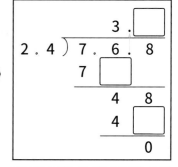

```
        3.□
2.4 ) 7.6.8
      7 □
      4 8
      4 □
        0
```

| わる数を整数にするため、10倍します。 | わられる数も、わる数と同じように、10倍します。 | 商の小数点は、わられる数の移した小数点にそろえてうちます。 |

POINTは ココだよ！　わる数を整数になおして、わる数が整数のときと同じように計算しよう。

10　さんすう

次の計算をしましょう。

①

2.4) 2.1 6

②

1.2 4) 8.6 8

ヒント
わる数を100倍して、わられる数も100倍するよ。

③

2.2 6) 1 1.3 0

ヒント
わられる数を100倍するから、わられる数の右に0をつけたして、計算するよ。

POINTは ココだよ！　一の位に商がたたないときは、「0.」とかくよ。

5.9÷3.7 の計算を筆算でしましょう。

① 商を一の位まで求めて、余りをかきましょう。

$$3.7 \overline{)\ 5.9}$$

ヒント
余りの小数点は、わられる数のはじめの小数点にそろえよう。

② 商を四捨五入して、$\frac{1}{10}$ の位までの概数で表しましょう。

$$3.7 \overline{)\ 5.9}$$

ヒント
0 をつけたして、計算を続けるよ。
商の $\frac{1}{100}$ の位を四捨五入しよう。

POINTは ココだよ！ わり切れなかったり、けた数が多くなったりするときは、概数で表すことがあるよ。

次の問題に答えましょう。

① わり算について、わる数と商の大きさの関係をまとめました。

☐にあてはまる等号や不等号をかきましょう。

わる数＞1　⇒　商　☐　わられる数	
わる数＝1　⇒　商　☐　わられる数	
わる数＜1　⇒　商　☐　わられる数	

ヒント
24 の例で考えよう。
　24　÷ 1.5 ＝16
わられる数　わる数
24÷1＝24
24÷0.6＝40

② あ〜うのわり算の中から、商が 15 より大きくなる式を選んで、記号で答えましょう。

あ 15÷1.2　　　　い 15÷0.3　　　　う 15÷1

（　　　）

POINTは ココだよ！ わる数を見ると、商とわられる数の大小関係がわかるね！

Mathematics

合同な図形

対応する頂点、辺、角

あの三角形と⑩の三角形は合同です。
次の（　）にあてはまる記号を
かきましょう。

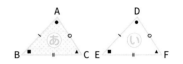

① 頂点 A に対応する頂点は、頂点（　　　）です。

② 辺 EF に対応する辺は、辺（　　　）です。

③ 角 B に対応する角は、角（　　　）です。

> **ヒント**
> 2つの合同な図形で、重なり合う
> 頂点、辺、角を、それぞれ
> 対応する頂点、対応する辺、
> 対応する角というよ。

辺の長さと角の大きさ

次の（　）にあてはまることばを、右の□□から選んでかきましょう。

④ 合同な図形では、対応する（　　　）の長さは等しく、
対応する（　　　）の大きさも等しくなっています。

> 辺　　　角

**POINTは
ココだよ!** ぴったりと重ね合わすことができる2つの図形は「合同である」というよ。

あの三角形と
⑩の三角形は
合同です。
次の問題に
答えましょう。

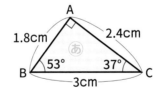

① 頂点 A に対応する頂点は、どれですか。　　　　　　　　　頂点（　　　）

> **ヒント**　角Bと角Fの大きさが等しいから、角Bに対応する角は、角Fだね。

② 辺 DE の長さは何 cm ですか。　　　　　　　　　　　（　　　）cm

③ 辺 EF の長さは何 cm ですか。　　　　　　　　　　　（　　　）cm

④ 角 D の大きさは何度ですか。　　　　　　　　　　　（　　　）°

⑤ 角 E の大きさは何度ですか。　　　　　　　　　　　（　　　）°

**POINTは
ココだよ!** 対応する辺、対応する角はどれか考えるよ。

算数のお勉強

06

図形の角

三角形の角、四角形の角

次の □ にあてはまる数をかきましょう。

① 三角形の 3 つの角の大きさの和は [ ] °です。

② 四角形の 4 つの角の大きさの和は [ ] °です。

③ 下の図の あ、い の角の大きさは、それぞれ何度ですか。

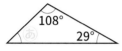

あ　$180° - (108° + 29°) = $ [ ] °

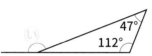

い　$180° - (47° + 112°) = 21°$

$180° - 21° = $ [ ] °

 POINTは ココだよ！　どんな三角形でも、三角形の 3 つの角の大きさの和は 180°だよ。

次の図の あ、い、う の角の大きさは、それぞれ何度ですか。

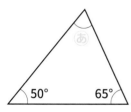

あ　[ ] °

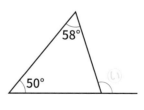

い　[ ] °

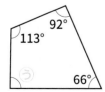

う　四角形の 4 つの角の大きさの和は [ ] °だから、

$360° - (113° + 92° + 66°) = $ [ ] °

 POINTは ココだよ！　どんな四角形でも、四角形の 4 つの角の大きさの和は 360°だよ。

整数

17 さんすう

整数の性質

次の（　）にあてはまることばをかきましょう。

① 2 でわり切れる整数を（　　　　　）、

2 でわり切れない整数を（　　　　　）といいます。

整数	
偶数	奇数
0 2 4 6	1 3 5 7
…	…

② 5 に整数をかけてできる数を、

5 の（　　　　　）といいます。

③ 3 の倍数にも、5 の倍数にもなっている数を、

3 と 5 の（　　　　　）といいます。

公倍数	
3 の倍数	5 の倍数
3　6　9　12　15	5　10
18　21　24　27　30	20　25
…	…

④ 12 をわり切ることのできる整数を、

12 の（　　　　　）といいます。

⑤ 12 の約数にも 15 の約数にもなっている数を、

12 と 15 の（　　　　　）といいます。

公約数			
12 の約数		15 の約数	
2　4	1	5	
6　12	3	15	

POINTは
ココだよ!　整数は偶数か奇数のどちらかに分けられるよ。

18 さんすう

次の問題にあてはまる数を、右のふせんからすべて選んで
答えましょう。同じ数を何回選んでもよいです。

① 偶数　　　　　　（　　　　　　　　　）

② 奇数　　　　　　（　　　　　　　　　）

③ 6 の倍数　　　　（　　　　　　　　　）

④ 2 と 4 の公倍数　（　　　　　　　　　）

⑤ 16 の約数　　　　（　　　　　　　　　）

⑥ 10 と 16 の公約数（　　　　　　　　　）

1
2
3
4
5
6

POINTは
ココだよ!　1 も約数にはいるよ。

次の問題に答えましょう。

①

4 の倍数	4	( )	12	16	20	( )	28	32	36	…
6 の倍数	6	( )		18		24		30	36	…

㋐ 上の表の( )にあてはまる数をかきましょう。

㋑ 4と6の公倍数のうち、いちばん小さい数をかきましょう。　　　　　　( )

②

12 の約数	1	2	( )	4	( )		12
18 の約数	1	( )	3		6	( )	18

㋐ 上の表の( )にあてはまる数をかきましょう。

㋑ 12と18の公約数のうち、いちばん大きい数をかきましょう。　　　　　( )

 ①㋑の数を「最小公倍数」、②㋑の数を「最大公約数」というよ。

ある場所から、8分おきに出発するバスと、
12分おきに出発する電車があります。
午前8時に、バスと電車が同時に出発します。
次の問題に答えましょう。

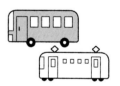

① バスと電車の出発する時こくを図にしました。
( )にあてはまる数をかきましょう。

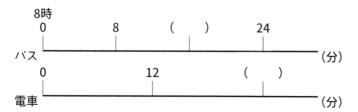

ヒント
バスの出発する時こくを
表す数は8の倍数だよ。
電車の出発する時こくを
表す数は12の倍数だよ。

② 次に同時に出発するのは、午前何時何分ですか。　　　午前( )時( )分

 ②公倍数を使って考えよう。

算数のお勉強 08

分数のたし算・ひき算

等しい分数、約分、通分
次の◻にあてはまる数をかきましょう。

① $\dfrac{3}{◻} = \dfrac{6}{8} = \dfrac{◻}{16}$

（÷2 ×2）

大きさが等しい分数の性質
分母と分子に同じ数をかけても、分母と分子を同じ数でわっても、分数の大きさは変わりません。

$\dfrac{▲}{■} = \dfrac{▲×●}{■×●}$ $\dfrac{▲}{■} = \dfrac{▲÷●}{■÷●}$

②
約分	分母と分子をそれらの公約数でわって、分母の小さい分数にする。	例 $\dfrac{15}{20} = \dfrac{15÷5}{20÷5} = \dfrac{◻}{4}$
通分	分母のちがういくつかの分数を、共通な分母の分数にする。分母の公倍数を共通の分母にする。	例 $\dfrac{1}{5}、\dfrac{2}{3}$ → $\dfrac{3}{◻}、\dfrac{10}{◻}$

POINTはココだよ！ 通分するときは、分母の最小公倍数を分母にするとよいよ！

次の計算をします。◻にあてはまる数をかきましょう。

① $\dfrac{2}{3} + \dfrac{1}{7} = \dfrac{◻}{21} + \dfrac{◻}{21}$
$= \dfrac{◻}{21}$

② $\dfrac{5}{6} + \dfrac{3}{4} = \dfrac{◻}{12} + \dfrac{◻}{12}$
$= \dfrac{◻}{12}$

③ $\dfrac{4}{5} - \dfrac{1}{2} = \dfrac{◻}{10} - \dfrac{◻}{10}$
$= \dfrac{◻}{10}$

④ $\dfrac{3}{8} - \dfrac{2}{7} = \dfrac{◻}{56} - \dfrac{◻}{56}$
$= \dfrac{◻}{56}$

POINTはココだよ！ 分母のちがう分数のたし算やひき算は、通分してから計算しよう！

060

次の計算をします。□にあてはまる数をかきましょう。

① $\dfrac{9}{10} + \dfrac{3}{5} = \dfrac{9}{10} + \dfrac{\boxed{}}{10}$

$= \dfrac{\boxed{}}{15} \\ \dfrac{\boxed{}}{10}$

$= \dfrac{\boxed{}}{2}$

② $\dfrac{3}{4} - \dfrac{7}{20} = \dfrac{\boxed{}}{20} - \dfrac{7}{20}$

$= \dfrac{8}{20} \\ 5$

$= \dfrac{\boxed{}}{5}$

ヒント　答えが約分できるときは、約分しよう。

 約分するときは、分母と分子の最大公約数でわるとよいよ！

 $3\dfrac{3}{5} - 1\dfrac{1}{3}$ の計算をします。□にあてはまる数をかきましょう。

① 帯分数のまま計算しましょう。

$3\dfrac{3}{5} - 1\dfrac{1}{3} = 3\dfrac{9}{15} - 1\dfrac{\boxed{}}{15}$

$= \boxed{}\dfrac{\boxed{}}{15}$

② 仮分数になおして計算しましょう。

$3\dfrac{3}{5} - 1\dfrac{1}{3} = \dfrac{\boxed{}}{5} - \dfrac{4}{3}$

$= \dfrac{\boxed{}}{15} - \dfrac{20}{15}$

$= \dfrac{\boxed{}}{15}$

ヒント
帯分数を整数の部分と真分数の部分に
分けて計算すると考えよう。
整数の部分は 3−1＝2 だよ。

 帯分数のまま計算するときは、整数の部分と真分数の部分に分けて考えるよ。

分数と小数、整数

分数を小数で表す、小数を分数で表す

次の問題に答えましょう。

❶ （　）の**正しいほう**を選んで、〇で囲（かこ）みましょう。

㋐分数を小数で表すには、（ 分母 ・ 分子 ）を
（ 分母 ・ 分子 ）でわります。

㋑小数は、（ 分母 ・ 分子 ）が 10、100 などの
分数で表すことができます。

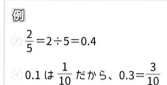

例

㋐ $\frac{2}{5} = 2 \div 5 = 0.4$

㋑ 0.1 は $\frac{1}{10}$ だから、0.3 = $\frac{3}{10}$

❷ ▢ にあてはまる数をかきましょう。

㋐ $\frac{1}{4}$ を小数で表しましょう。

$\frac{1}{4} = 1 \div \boxed{} = \boxed{}$

㋑ 0.7 を分数で表しましょう。

$0.7 = \dfrac{7}{\boxed{}}$

POINTは
ココだよ！　0.1 は $\frac{1}{10}$、0.01 は $\frac{1}{100}$ だよ。

26

次の問題に答えましょう。

❶ 分数を小数で表しましょう。

㋐ $\frac{3}{4}$ 　　　　　㋑ $\frac{16}{25}$ 　　　　　㋒ $\frac{12}{5}$

（　　　　　）　　（　　　　　）　　（　　　　　）

ヒント

$\dfrac{▲}{■} = ▲ \div ■$

❷ 小数や整数を分数で表しましょう。

㋐ 0.4 　　　　　㋑ 0.25 　　　　　㋒ 13

（　　　　　）　　（　　　　　）　　（　　　　　）

ヒント

$13 = 13 \div 1$
と考えよう。

POINTは
ココだよ！　整数は 1 を分母とする分数とみるよ！

算数のお勉強

10

平均

27 さんすう

平均の求め方
次の問題に答えましょう。

① （　）にあてはまることばを、下の □ から選んでかきましょう。

平均＝（　　　　　）÷（　　　　　）

個数	合計

② 3個のみかんの重さをはかったら、それぞれ 100g、103g、109g でした。

3個のみかんの重さの合計を求めましょう。

式　100＋103＋109＝（　　　　　）　　　　　　　　（　　　　　）g

3個のみかんの重さの平均を求めましょう。

式　（　　　　　）÷3＝（　　　　　）　　　　　　　　（　　　　　）g

POINTはココだよ！　いくつかの数量を、同じ大きさになるようにならしたものを「平均」というよ。

28 さんすう

たまごが 10 個はいっているパックがあります。
みささんは、パックの中から 4 個のたまごを
取り出して、重さをはかりました。
次の問題に答えましょう。

みさ ◁ 4個のたまごの重さは、それぞれ 59g、61g、57g、63g だよ。

① みささんが取り出した、4個のたまごの重さの平均を求めましょう。

（　　　）g

② 10個のたまごの重さは、およそ何 g と考えられますか。

式 □ × □ ＝ □　　　　　およそ（　　　）g

ヒント　4個のたまごの平均の重さ × パックのたまごの個数 ＝ 全体の重さ だよ。

POINTはココだよ！　平均を使って、全体の重さを予想することができるよ！

単位量あたりの大きさ

単位量あたりの大きさ

あやかさんとりかさんが、自分の家の自動車について話をしています。ガソリン 1L あたりに走る道のりが長いのは、どちらの自動車ですか。□にあてはまる数やことばをかきましょう。

あやか ＜ わたしの家の車は、20L のガソリンで 360km 走るよ。

わたしの家の車は、15L のガソリンで 210km 走るよ。 りか

あやかさん　360÷20＝□

りかさん　□ ÷ □ ＝14

ヒント　1L あたりに走る道のりは、走る道のり÷ガソリンの量で求めるよ。

□ さんの家の自動車

POINTはココだよ！ 「1L あたり何 km」のような大きさが、「単位量あたりの大きさ」だよ。

たいしさんは、子ども会の旅行に行きました。
部屋わりは右の表のとおりでした。
次の問題に答えましょう。

	面積(m²)	人数(人)
A室	36	12
B室	50	20

① A室の 1 人あたりの面積は何 m² ですか。　　　　1人あたり（　　　）m²

ヒント　1人あたりの面積は、面積÷人数で求めるよ。

② B室の 1 人あたりの面積は何 m² ですか。　　　　1人あたり（　　　）m²

ヒント　1人あたりの面積が、小数になることもあるよ。

③ A室とB室は、どちらがこんでいるといえますか。　　　　（　　　）室

POINTはココだよ！ 1人あたりの面積が小さいほうが、こんでいるといえるね。

算数のお勉強

12

速さ

速さ、道のり、時間
次の問題に答えましょう。

① （　）に速さ、道のり、時間のいずれかのことばをかきましょう。

速さ＝道のり÷（　　　　　）

道のり＝（　　　　　）×時間

時間＝（　　　　　）÷速さ

> 速さ
> 単位時間あたりに進む道のり

② 秒速 2m は分速何 m ですか。

□ にあてはまる数をかきましょう。

1分＝ □ 秒だから、

2× □ ＝ □ 　　分速 □ m

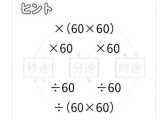

ヒント

×(60×60)

×60　　×60

秒速　分速　時速

÷60　　÷60

÷(60×60)

POINT は ココだよ！　分速、秒速は、それぞれ単位時間を 1 分間、1 秒間にしたときの速さだよ。

はるかさん、みちるさん、あやねさんの発言を読んで、次の問題に答えましょう。

> はるか　1050m を 15 分で歩いたよ。

> みちる　時速 45km の自動車に 3 時間乗ったよ。

> あやね　家から 180m はなれた公園まで、秒速 3m の自転車で走ったよ。

① はるかさんの歩く速さは、分速何 m ですか。

分速（　　　　　）m

② みちるさんの乗った自動車は、3 時間で何 km 進みましたか。

（　　　　　）km

③ あやねさんは家から公園まで、何秒かかりましたか。

（　　　　　）秒

POINT は ココだよ！　時速は、単位時間を 1 時間にしたときの速さだよ。

面積

面積の公式

次の（　）にあてはまることばを、下の▭から選んでかきましょう。
同じことばを何回使ってもよいです。

① 三角形の面積＝（　　　　）×（　　　　）÷2

② 平行四辺形の面積＝（　　　　）×（　　　　）

③ 台形の面積＝（（　　　　）＋（　　　　））×高さ÷2

④ ひし形の面積＝（　　　　）×（　　　　）÷2

| 高さ　　　対角線　　　上底　　　底辺　　　下底 |

POINTは
ココだよ！
三角形や四角形の面積の公式は、図とセットで覚えておこう！

次の図形の面積を求めましょう。

① 三角形

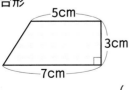
10cm
9cm
　　　　（　　　　）cm²

② 平行四辺形

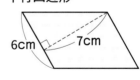
6cm　　7cm

ヒント
底辺は6cm、
高さは7cm
だよ。

　　　　（　　　　）cm²

③ 台形

5cm
3cm
7cm
　　　　（　　　　）cm²

④ ひし形

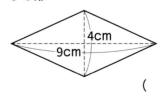
4cm
9cm
　　　　（　　　　）cm²

POINTは
ココだよ！
公式を使って求めよう。

算数のお勉強

正多角形と円

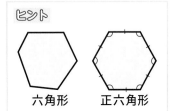

35 正多角形、円周

次の（　）にあてはまることばを、下の□から選んでかきましょう。

❶ 直線で囲まれた図形を（　　　　　）といいます。

❷ 辺の長さがすべて等しく、角の大きさもすべて
等しい多角形を（　　　　　）といいます。

ヒント

六角形　　正六角形

❸ 円のまわりのことを（　　　　　）といいます。

❹ どんな大きさの円でも、円周÷直径は同じ数になります。
この数を（　　　　　）といいます。

えんしゅうりつ
円周率
円周÷直径

円周率　　円周　　多角形　　正多角形

POINTは
ココだよ！　正四角形は正方形のことだよ。

36 次の□にあてはまる数をかきましょう。円周率は 3.14 とします。

❶ 右の図は、円の中心のまわりを 8 等分して、半径をかき、
ちょうてん
円と交わった点を頂点にしてかいた正八角形です。
あ の角の大きさを求めましょう。

式　 360 ÷ □ = □°　　　　□

❷ 円周の長さが 15.7cm の円の直径を求めましょう。

式　□ ÷ □ = □　ヒント　直径＝円周÷円周率だよ。　　□ cm

❸ 直径 6cm の円の円周の長さを求めましょう。

式　□ × □ = □　　　　　□ cm

ヒント　円周＝直径×円周率だよ。

POINTは
ココだよ！　円周率はふつう、3.14 を使うよ。

割合

次の問題に答えましょう。

① ななさんのクラスの女子の人数は 20 人です。
そのうち、ピアノを習っている人は 8 人です。
ピアノを習っている人は、クラスの女子の何倍ですか。

式　8÷20＝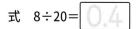　　　 倍

② （　）に割合、くらべる量、もとにする量の
いずれかのことばをかきましょう。

㋐ 割合＝（　　　　　　　　　）÷もとにする量

㋑ くらべる量＝（　　　　　　　　　）×割合

㋒ もとにする量＝くらべる量÷（　　　　　）

┌─────────────────────┐
│ 割合   │
│ くらべる量がもとにする量の   │
│ 何倍にあたるかを表した数。   │
│   □倍   │
│ ┌─────────┐   ┌─────────┐│
│ │もとにする量│ → │くらべる量││
│ └─────────┘   └─────────┘│
└─────────────────────┘

POINTはココだよ！　①の 20 人がもとにする量、8 人がくらべる量、0.4 が割合だよ。

次の問題に答えましょう。

① てつやさんの家の庭の面積は 25m² です。
このうち、5m² が花だんです。
花だんの面積は、庭の面積の何倍ですか。

┌─────────────────────┐
│ ヒント   庭   □倍   花だん │
│   25m² →   5m²   │
└─────────────────────┘

（　　　）倍

② さやかさんのクラスの人数は 30 人で、そのうちの 20％の人が
ペットを飼っています。

㋐ 20％を小数で表しましょう。　　　　　　　（　　　）

㋑ ペットを飼っている人は何人ですか。　　　（　　　）人

┌───────────────────────────────┐
│ ヒント   クラスの人数   0.2倍   ペットを飼っている人 │
│   30人   →   □人   │
└───────────────────────────────┘

POINTはココだよ！　0.01 倍のことを 1％とかいて、「1 パーセント」というよ。

39 さんすう

次の問題に答えましょう。

① 飛行機に 551 人乗っています。これは定員の 95%です。

㋐ 95%を小数で表しましょう。 (　　　　)

㋑ この飛行機の定員は何人ですか。 (　　　　)人

ヒント　[定員数] □人 —0.95 倍→ [乗っている人数] 551 人

② さきさんは、2700 円のケーキを 20% 引きで買います。

㋐ 代金はもとのねだんの何倍ですか。 (　　　　)倍

㋑ 代金を求めましょう。 (　　　　)円

ヒント

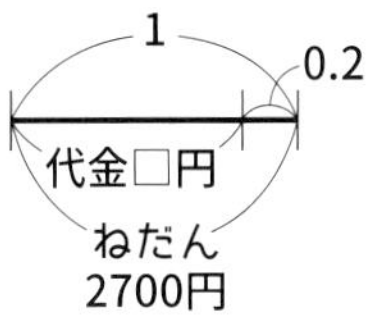

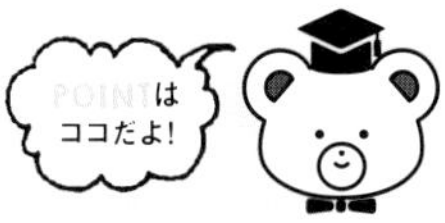

②㋑の代金は、くらべる量だよ。

40 さんすう

りくさんは、クラス全員が 1 年間に借りた本の種類とさっ数を調べました。次の問題に答えましょう。

① 下の表は、本のさっ数と割合を、種類別に表したものです。
表のあいているところに数をかきましょう。

種類	物語	図かん	伝記	その他	合計
さっ数(さつ)	540	300	240	120	1200
割合(%)	45				100

② 上の表の割合を、帯(おび)グラフに表しましょう。

1年間に借りた本の割合

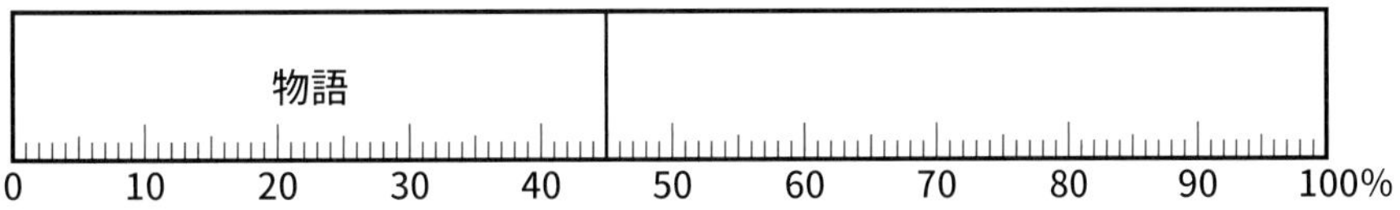

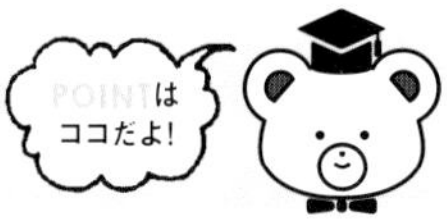

帯グラフでは、ふつう、左から百分率(ひゃくぶんりつ)の大きい順に区切るよ。

比例

比例

長方形の横の長さを 6cm と決めて、
たての長さを 1cm、2cm、3cm、……と
変えていきます。次の問題に答えましょう。

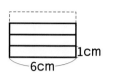

1cm
6cm

① たての長さを変えたときの長方形の面積の変わり方を調べて、表にまとめます。
　表のあいているところに、あてはまる数をかきましょう。

たて (cm)	1	2	3	4	5	6
面積 (cm²)	6	12			30	

② たての長さが 2 倍になると、面積は何倍になりますか。　　　　（　　　）倍

③ たての長さが 2 倍、3 倍、……になると、面積も 2 倍、3 倍、……になります。
　このようなとき、面積はたての長さに　比例する　といいます。

POINTは
ココだよ！

②は、たとえば、たての長さが 1cm のときと 2cm のときの面積を見てみよう。

たてが 2cm、横が 4cm の直方体の高さを
1cm、2cm、3cm、……と変えていきます。
次の問題に答えましょう。

1cm
1cm
2cm
4cm

① 高さを変えたときの直方体の体積の変わり方を調べて、表にまとめます。
　表のあいているところに、あてはまる数をかきましょう。

高さ (cm)	1	2	3	4	5	6
体積 (cm³)	8	16		32		48

② 高さが 15cm のときの体積は何 cm³ ですか。　　　　（　　　　）cm³

　ヒント　体積は、高さが 1cm のときの体積 × 高さ で求められるよ。

③ 体積は高さに比例するといえますか。いえませんか。
　（　）の正しいほうを選んで、〇で囲みましょう。　　　（ いえる ・ いえない ）

POINTは
ココだよ！

高さが 2 倍、3 倍、……になると、体積も 2 倍、3 倍、……になるよ。

算数のお勉強

角柱と円柱

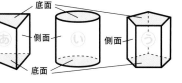

43 角柱、円柱

次の（　）にあてはまることばを、下の◯◯から選んでかきましょう。
同じことばを何回使ってもよいです。

① 角柱や円柱の上下の面を（　　　　）、
横の面を（　　　　）といいます。

② あの立体は底面の形が（　　　　）形
だから、（　　　　）柱です。

③ ⒤の立体は底面の形が（　　　　）だから、（　　　　）柱です。

④ ⒰の立体は底面の形が（　　　　）形だから、（　　　　）柱です。

> **ヒント**
> 底面が四角形の
> 角柱を四角柱と
> いうよ。

| 側面　　底面　　円　　三角　　五角 |

立体の名前は、底面の形でわかるよ。

44

次の①〜③のてん開図になっているものを、下の あ〜う から
選んで、記号で答えましょう。

① 三角柱 （　　）　② 五角柱 （　　）　③ 円柱 （　　）

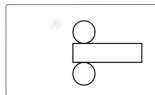　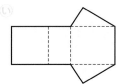　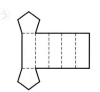

てん開図のどこが底面になるか考えてみよう。

ポイントチェック

5年生で学ぶ算数のだいじなことをまとめたよ。
かくにんしよう。

体積

☑ 直方体の体積＝ たて × 横 × 高さ

☑ 立方体の体積＝ 1辺 × 1辺 × 1辺

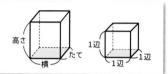

合同な図形

合同な図形では、対応する辺の長さや角の大きさは等しい。

図形の角

☑ 三角形の3つの角の大きさの和は180°。

☑ 四角形の4つの角の大きさの和は360°。

平均

平均＝合計÷個数

わり算と分数

わり算の商は、わられる数を分子、
わる数を分母とする分数で表せる。

▲ ÷ ■ ＝ ▲/■

速さ

☑ 速さ＝ 道のり ÷ 時間

☑ 道のり＝ 速さ × 時間

☑ 時間＝ 道のり ÷ 速さ

面積

☑ 三角形 の面積＝底辺×高さ÷2

☑ 平行四辺形 の面積＝底辺×高さ

☑ 台形 の面積＝(上底＋下底)×高さ÷2

☑ ひし形 の面積＝対角線×対角線÷2

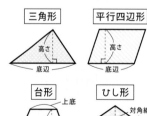

割合

☑ 割合＝ くらべる量 ÷ もとにする量

☑ くらべる量＝ もとにする量 × 割合

☑ もとにする量＝ くらべる量 ÷ 割合

☑ 百分率では、0.01倍のことを
　　1%(パーセント)という。

円

円周＝ 直径 × 円周率

(円周率はふつう、3.14を使います。)

算数はココまで！

5年生の算数は、これでバッチリだね！

（　）にあてはまる言葉を選んで、〇で囲みましょう。

雲のようす

天気は、空全体の広さを 10 として、空をおおっている雲の量が 0～8 のときを
（　晴れ　・　くもり　）、9～10 のときを（　晴れ　・　くもり　）とする。
雨がふっていれば、雲の量に関係なく雨とする。
雲には、色や形、高さのちがうものが（　ある　・　ない　）。
黒っぽい雲が増えてくると、（　晴れ　・　雨　）になることが多い。

天気の変化

雲はおよそ（　北から南　・　西から東　）にゆっくり動いていく。
雲の動きにつれて、天気も（　北から南　・　西から東　）へと変わっていく。
台風は西から東へ（　動く　・　動くとは限らない　）。
天気は、いろいろな気象情報をもとに予想することが（　できる　・　できない　）。

ヒントは
ココだよ！
気象衛星の雲画像やアメダスの雨量情報などをもとに天気は予想されているよ！

たくやさんは、ある日の午前 9 時と正午に、空のようすを
観察しました。（　）にあてはまるものを、あとの▭から
選んで書きましょう。

午前 9 時　天気…（　　　　）雲の量…4
色や形など…白くて小さな雲がたくさん集まっていた。
雲の動き…ゆっくり西から東へ動いていた。
その他…雨はふっていなかった。

正午　　　天気…くもり　　雲の量…（　　　　）
色や形など…黒っぽいもこもことした雲が、空一面に
　　　　　　広がっていた。
雲の動き…午前 9 時のときよりもゆっくりと、
　　　　　南西から北東へ動いていた。
その他…雨はふっていなかった。

| 晴れ |
| くもり |
| 雨 |
| 3 |
| 6 |
| 9 |

ヒントは
ココだよ！
天気は、雲の量で決まるんだったね！雲は、およそ西から東へ動くよ！

うららさんは、あえらさんにメールを送りました。
（　）にあてはまる言葉を、あとの□□から選んで書きましょう。

送信者：うらら
To：あえらちゃん
件名：雨に気をつけてね！！
今日、福岡は朝から空一面に（　　　）が
広がっていて、午後は大雨がふったよ。
テレビで見た気象衛星の雲画像だと、
東京は雲がなくて（　　　）だったみたいだね。
でも、雲はおよそ（　　　）へ動くから、
明日は東京が雨かも！？

晴れ　　雨　　雲　　東から西　　西から東

雲と同じように、天気もおよそ西から東へ変化していくよ。

テレビで、『明日は台風が接近するので、備えをしてください』と
言っていました。まちがった準備をしているのはだれですか。

ごろう　大雨に備えて、
雨水が流れるみぞのそうじを
しておこう！

しんご　風が強いとせんたく物が
よくかわくよ！体そう服を
あらう準備をしよう！

つよし　テレビなどで情報を集めて、
ひなんするときの準備を
しておこう！

（　　　　　）

台風の動きをニュースなどでかくにんして、大雨などに備えよう！

次の[ ]の中の文字をなぞって、植物の発芽と成長について
まとめましょう。

植物の発芽

- 植物の種子が芽を出すことを[発芽]という。
- 植物は、[種子]の中の養分を使って発芽する。
  発芽する前のインゲンマメやイネなどの種子には
  [でんぷん]が多くふくまれている。
- 植物の種子の発芽には、[水]、[空気]、
  適当な[温度]が必要である。

植物の成長

- 植物がよく成長するには、水、空気、適当な温度のほかに、
  [日光]、[肥料]が必要である。

○○○は
ココだよ！
植物の成長に必要なのは、水、空気、適当な温度、日光、肥料だね！

みんなで植物の発芽について話し合いました。
発芽の条件で、正しいことを言っている人には○を、
まちがったことを言っている人には×を書きましょう。

ゆり 野原の植物は水やりをしなく
ても発芽するから、発芽に水
はいらないんじゃないかなぁ。

めい 種子は土にうまっているから、
空気がなくても発芽すると
思うよ。

まみ 光がないと発芽できないよ！

ゆうか 野原の植物はあたたかい春に
多く発芽するから、発芽には
適当な温度が必要なんだと思う。

ゆり（　　） めい（　　） まみ（　　） ゆうか（　　）

○○○は
ココだよ！
発芽に必要な条件は、水、空気、適当な温度の３つだったね！

図は、発芽前のインゲンマメの種子を切って開いた
ものです。次の問題に答えましょう。

図で、種子にヨウ素液をつけたときに
色が変わる部分に色をぬりましょう。

ヨウ素液をつけたときに色が変わる部分は、
ヨウ素液をつけると、　　～　　のどの色に
なりますか。

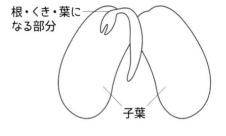

根・くき・葉に
なる部分

子葉

緑色　　　　　　　赤色

青むらさき色　　　水色

（　　　　）

ヨウ素液を使った色の変化で調べることができるのは、何という養分ですか。

（　　　　　　）

は
ココだよ！ 種子にあった養分は、発芽や成長に使われてなくなっていくよ！

れいじさんは、葉が3～4まいに育ったインゲンマメ　　～　　を使い、
成長のようすを調べました。インゲンマメにあたえたものは○、
あたえなかったものは×として、2週間後の　　～　　の育ちを表に
まとめました。次の問題に答えましょう。

　と　　で、よく成長した
のはどちらですか。
（　　　　）

　と　　で、よく成長した
のはどちらですか。
（　　　　）

肥料	水	日光	葉のようす
○	○	○	緑色で大きく、数が多い。
○	○	×	黄色っぽくて小さく、数が少ない。
×	○	○	緑色だけど　より小さく、数も　より少ない。

この実験から、植物がよく成長するためには、何と何が必要だとわかりますか。

（　　　　）と（　　　　）

は
ココだよ！ 葉が大きく、緑色で、たくさんついているほうがよく成長しているといえるよ！

メダカのたんじょう

メダカのたんじょう

（　）にあてはまるものを、あとの◻︎◻︎から選んで書きましょう。

● （　　　　　）が産んだたまご(卵)は、（　　　　　）が出す精子と結びついて(受精して)、受精卵になる。

● 受精卵は、たまごの中にふくまれている（　　　　）を使って育ち、だんだんとメダカらしくなる。

● 受精してから約（　　　）週間で、子メダカがたんじょうする。

● たまごからかえった子メダカは、しばらくの間は（　　　　）にあるふくろの中の養分を使って育つ。

2　　5　　養分　　水分　　めす　　おす　　はら　　せびれ

はココだよ！ 子メダカはたんじょうして2～3日は、はらの養分を使って育つよ！

かおるさんとあいさんはメダカを観察したとき、めすとおすではひれの形がちがうことに気づきました。次の問題に答えましょう。

● 図の　　と　、　　と　のひれの名前は何ですか。

・（　　　　　　　）
・（　　　　　　　）

かおるさんはめすを観察しました。かおるさんが観察したのは、図の　、　のどちらですか。

（　　　）

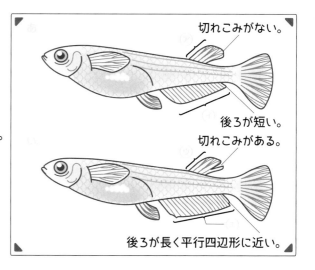

切れこみがない。

後ろが短い。

切れこみがある。

後ろが長く平行四辺形に近い。

はココだよ！ せびれに切れこみがあって、しりびれの後ろが長いほうがおすだよ。

メダカのたんじょうに関係する次の言葉とその説明を、
線でつなぎましょう。

たまご(卵)	・	・	たまごと精子が結びつくこと
精子	・	・	めすが産むもの
受精卵	・	・	受精したたまご
受精	・	・	おすが出すもの

めすが産むたまご(卵)とおすが出す精子が受精すると、受精卵ができるよ。

たつやさんは、メダカのたまごが育つようすを記録しました。
しかし、1まいだけ、日づけをまちがえて書いていました。
日づけをまちがえたカードは、　～　のどれですか。

6月6日	6月12日	6月13日	6月15日
目の部分が大きく、黒くなって、体の形がはっきりしてきた。	とうめいで周りに細い毛があった。	たまごの中でときどき動くようになった。	たまごのまくを破って子メダカがたんじょうした！

（　　　）

たまごの中にメダカの体がわかるようになり、やがて黒い目が目立ってくるよ！

答え11ページ

ヒトのたんじょう

（　）にあてはまるものを、あとの▢から選んで書きましょう。

（　　　　）の体内でつくられた卵（卵子）は、（　　　　）の体内でつくられた精子と
結びついて（受精して）、受精卵になる。

ヒトの子どもは、母親の（　　　　　）の中で、そのかべにあるたいばんから
（　　　　　　）を通して養分をもらい、いらないものをわたして育つ。

受精して約（　　　）週間で、子どもがたんじょうする。

38　　50　　女性　　男性　　子宮　　へそのお

たんじょうした後は、半年以上、母親の乳を飲んで育つよ。

ヒトのたんじょうに関係する次の言葉とその説明を、
線でつなぎましょう。

卵（卵子）	・	・	女性の体内でつくられる
精子	・	・	男性の体内でつくられる
受精卵	・	・	卵と精子が結びつくこと
受精	・	・	受精した卵

ヒトの受精卵は、メダカの受精卵（約1mm）よりもずっと小さいよ！

図は、おなかの中の赤ちゃんのようすです。
次の問題に答えましょう。

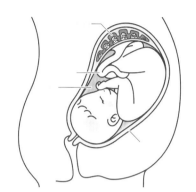

子宮の中にある、赤ちゃんを守っている液体（えきたい）は、
図の　　〜　　のどれですか。
また、この液体を何といいますか。

記号　（　　　　）

名前　（　　　　　　）

たいばんと赤ちゃんをつないでいる、養分などが
通る管は、　　〜　　のどれですか。
また、この管を何といいますか。

記号　（　　　　）

名前　（　　　　　　）

 赤ちゃんは子宮の中で、へそのおを通してたいばんから養分をもらって育つよ！

るいさんは、弟が生まれた日のことを日記に書きました。
（　）にあてはまる数を、あとの□□から選んで書きましょう。

　４ヶ月前、病院の先生が、ママのおなかの赤ちゃんを画面で見せてくれました。
そのときの赤ちゃんは約30cmで、指しゃぶりをしていてかわいかったです。
　赤ちゃんは、約（　　　　）週間、ママのおなかの中で大きくなって、今日の
朝８時ごろに生まれてきました。
　赤ちゃんの身長は（　　　　）cm、体重は（　　　　）gぐらいと聞いていたけど、
弟は48cm、2890gでした。
　びっくりするほど小さくて、そぉ〜っとさわりました。はやくいっしょに
遊びたいなぁ。

| 20 | 38 | 50 | 3000 | 8000 |

 受精（じゅせい）から約38週間で、約50cm、約3000gになるよ！

答え11ページ

次の[　]の中の文字をなぞって、花のつくりや実のでき方について
まとめましょう。

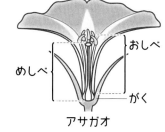

アサガオ

花のつくり

花には、アサガオのように、[めしべ]と
[おしべ]が1つの花にそろっているものと、
カボチャのように、めしべのある[めばな]と、
おしべのある[おばな]の2種類の花をさかせる
ものがある。

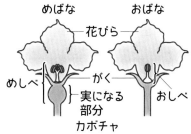

カボチャ

花から実へ

おしべの[花粉]がめしべの先につくことを
受粉という。

受粉すると、めしべのもとのふくらんだ部分が
[実]になり、その中に[種子]ができる。

 花びらやがくは、どの花にもあるね！

図はヘチマの花です。花のつくりに
ついて、次の問題に答えましょう。

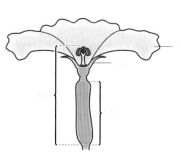

図の花で、花びらは　〜　のどれですか。
（　　）

図の花で、がくは　〜　のどれですか。
（　　）

図の花は、めばなとおばなのどちらですか。
（　　　　）

 めばなは、花びらの下の部分にふくらみがあるよ！

まさひろさんは、ヘチマのめしべとおしべを観察した結果を表にまとめました。次の問題に答えましょう。

おしべの先についていた黄色い粉を何といいますか。

（　　　　　）

の粉がめしべの先につくことを何といいますか。

（　　　　　）

	めしべ	おしべ
形		
表面のようす	黄色い粉はついていなかった。	黄色い粉がたくさんついていた。

ヘチマの黄色い粉をめしべに運ぶのは、　　～　　のどれですか。

風　　　こん虫　　　水

（　　　　　）

ヘチマの花にハチなどがきていることがあるよ！

給食の時間のまことさんとちひろさんの会話です。
（　）にあてはまる言葉を、あとの▢から選んで書きましょう。

まこと　　カボチャのコロッケ、おいしいね♡

花だんのカボチャにも実ができているかな。　　　ちひろ

まこと　　受粉しないと（　　　　　　）ができないんだよね。

こん虫が（　　　　　　）の花粉を（　　　　　　）に運んだのかな。　　　ちひろ

まこと　　きのう、家でカボチャの実を切ったら、中にたくさんの（　　　　　）があったよ。

おしべ　　めしべ　　花びら　　がく　　実　　種子

受粉すると、めしべのふくらんだ部分が実になるよ！

流れる水のはたらき

（　）にあてはまる言葉を、あとの□から選んで書きましょう。

流れる水が地面をけずるはたらきを（　　　　　）、土や石を運ぶはたらきを
（　　　　　）、土や石を積もらせるはたらきを（　　　　　）という。
水の量が増えると、流れる水のはたらきは
（　　　　　）なる。
水の流れが（　　　　　）ところでは、
地面をけずったり土や石を運んだりする
はたらきが大きくなる。
水の流れが（　　　　　）ところでは、
土や石が積もる。

旗

内　外

内　外

速い

けずられて
旗が
たおれた。

運ぱん　　たい積　　しん食　　速い　　ゆるやかな　　大きく　　小さく

流れる水のはたらきは、流れる水の量や速さによってちがうんだね。

みんなで土の山をつくり、みぞをつくって水を流して、流れる
水のはたらきを調べました。しん食、運ぱん、たい積の説明を
しているのはだれか答えましょう。

ゆか　流れがゆるやかなところに、
　　　土や石が積もったよ。

なつか　流れる水は
　　　　土や石を運ぶんだね。

みさき　流れが速いと、地面をけずる
　　　　はたらきが大きいみたい。

あやか　地面に落ちた雨水は
　　　　高いところから低い
　　　　ところに流れるよ。

しん食（　　　　）　運ぱん（　　　　）　たい積（　　　　）

流れる水の３つのはたらきをかくにんしよう！

次の文は、水の量と流れる水のはたらきの関係について
書いたものです。（　）にあてはまる言葉を選んで、
〇で囲みましょう。

水が流れているとき、流れる水の量が増えると、水の流れは
（　速く　・　おそく　）なる。

流れる水の量が増えると、流れる水が地面をけずるはたらきは、
（　大きく　・　小さく　）なる。

流れる水の量が増えると、流れる水が土や石を運ぶはたらきは、
（　大きく　・　小さく　）なる。

流れる水のはたらきは、流れる水の速さとどのような関係があったかな？

図のようなそうちで、土のみぞに
水を流しました。地面のようすと
流れる水のはたらきの関係について
答えましょう。

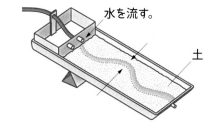

水を流す。

土

そうちのかたむきを急にすると、流れる水が土を
けずるはたらきは、大きくなりますか。小さく
なりますか。

（　　　　　　）

水が曲がって流れているところの、　（内側）の部分と　（外側）の部分では、
流れる水の速さが速いのはどちらですか。

（　　　）

　の部分と　の部分で、水に運ばれてきた土が多く積もっていたのはどちらですか。

（　　　）

曲がって流れているところの内側と外側のちがいを思い出そう。

次の[ ]の中の文字をなぞって、川がつくる地形や、川の流れによる
災害についてまとめましょう。

川の流れと地形

川原の石を見ると、山の中では[大きく]、角ばった
石が多く見られ、平地や海の近くでは[小さく]、
[丸みのある]石やすなが多く見られる。

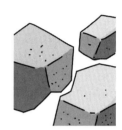

川の流れと災害

梅雨や台風などで雨の量が増えると、川の水の量は[増え]、
流れが[速く]なるので、流れる水のはたらきは
[大きく]なる。
流れる水のはたらきが大きくなると、[土地のようす]を
大きく変化させることがある。

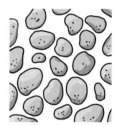

 ここだよ！　川の上流と下流で、ようすがちがうよ。

図のような平地を流れる川の、曲がって流れているところの
ようすについて、次の問題に答えましょう。

川の流れが速いのは、図の　と　のどちら側
ですか。

（　　　　）

と　の石をくらべたとき、　で見られた石の
ようすとして、正しいものに〇をつけましょう。
　　丸みをおびている。　　　　（　　　　）
　　角ばっている。　　　　　　（　　　　）
　　大きい石が多い。　　　　　（　　　　）
川の深さが深いのは、　と　のどちら側ですか。

（　　　　）

川の流れ

 ここだよ！　川の流れの外側は、流れが速く、がけのようになっているよ。

川のようすについて話しています。
図の　～　のどのあたりのことを
話しているのか答えましょう。

わか　川原（かわら）のすなに混（ま）じって、小さくて
　　丸い石がたくさんあった。

ゆい　川原には、手のひら
　　ぐらいの大きさの
　　丸い石が多かったよ。

おと　川原にあるのは石
　　というより岩って
　　感じだった。

わか（　　）　　ゆい（　　）　　おと（　　）

川に流されている間に、石はけずられて丸く、小さくなるよ！

なおさんは大雨のニュースを見て、感じたことをまとめました。
（　）にあてはまる言葉を、あとの□□から選んで書きましょう。

この前、大雨で洪水が起こったのを見ました。
　洪水に備え、（　　　　　）をつくっていたのに、
それもこわれてしまったそうです。
　山から運ばれてきた（　　　）で、川の水は茶色く
にごっていました。
　大雨のときの川は、ふだんとようすがちがって、
すごくこわかったです。

キャンプ場　　土　　てい防（ぼう）　　木

てい防や砂防（さぼう）ダム、遊水地などをつくって大雨に備（そな）えているよ。

ふりこの運動

ふりこのきまり

（　）にあてはまる言葉を、あとの◻️から選んで書きましょう。
（同じ言葉を2回使ってもかまいません。）

● ふりこの長さが長いと、ふりこが1往復する時間は
（　　　　　　）。また、ふりこの長さが短いと、
ふりこが1往復する時間は（　　　　　　）。

● おもりの重さを変えても、ふりこが1往復する時間は
（　　　　　　）。

● ふれはばを変えても、ふりこが1往復する時間は
（　　　　　　）。

長くなる　　短くなる　　変わらない

ふりこが1往復する時間は、ふりこの長さで決まるよ。

図の　と　は同じおもり、同じ糸を
使ったふりこです。図のような角度
まで持ち上げて、手をはなします。
次の問題に答えましょう。

● 　と　のふりこで、ちがっているのは　〜　の
どれですか。

　　ふりこの長さ　　　　ふれはば　　　　おもりの重さ

（　　　）

● 　と　のふりこが1往復する時間について、正しいのは　〜　のどれですか。

　　のほうがおもりが動くきょりが短いから、1往復する時間も短い。

　　のほうがスピードが速いから、1往復する時間は短い。

　　ふりこの長さが同じなので、1往復する時間は変わらない。

（　　　）

ふりこが1往復する時間とふれはばには、どんな関係があったかな？

あきらさんは、おもりの重さと
ふりこが1往復する時間の関係を
調べましたが、水をこぼしてしまい、
結果の一部が読めなくなりました。
次の問題に答えましょう。

同じにする条件
・ふりこの長さ（50cm）
・ふれはば（15°）
●結果

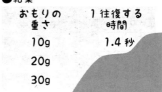

おもりの重さ	1往復する時間
10g	1.4秒
20g	
30g	

おもりの重さが 20g、30g のときの1往復する
時間を、あとの◯◯◯から選んで書きましょう。
（同じ時間を選んでもかまいません。）

20g（　　　　）　　30g（　　　　）

0.7秒　　1.4秒　　2.8秒　　4.2秒

おもりを重くすると、1往復する時間は変わりますか。変わりませんか。

（　　　　　　　）

おもりの重さを変えても、1往復する時間は変わらないよ！

次の表は、ふりこの長さを変えたときの、ふりこが10往復する
時間を測定したものです。　、　にあてはまる数を計算しましょう。

ふりこの長さ	1回め	2回め	3回め	3回の合計	10往復する時間の平均	1往復する時間
50cm	14秒	15秒	13秒	42秒		
1m	20秒	19秒	21秒	60秒	20秒	2.0秒

（10往復する時間の合計）÷（測定した回数）　だから、
　（式）　42÷（　　　　）＝（　　　　）　　よって、（　　　　秒）
（10往復する時間の平均）÷10　だから、
　（式）　（　　　　）÷10＝（　　　　）　　よって、（　　　　秒）

50cmのふりこが「10往復する時間」は「3回」測定しているよ。

もののとけ方①

水よう液の重さととける量

( )にあてはまる言葉を選んで、○で囲みましょう。

ものが水にとけた液のことを水よう液という。水よう液は、
(にごって ・ すき通って)いて、とけたものが全体に広がっている。

ものを水にとかしたとき、とかすものと
水の重さの合計は、とかす前ととかした
後で(変わる ・ 変わらない)。

一定の量の水にものがとける量には、
限りが(ある ・ ない)。その量は、
とけるものによって決まっている。

はココだよ！ 水にとけて見えなくなっても、ものがなくなったわけではないんだよ！

水よう液の性質について、次の問題に答えましょう。

食塩水は、水に何をとかした水よう液ですか。

( )

水よう液といえないのは、 ～ のどれですか。

さとうを水に入れて
かき混ぜたもの

色はなく、
すき通っている。

すなを水に入れて
かき混ぜたもの

下のほうにすなが
たまっている。

コーヒーシュガーを
水に入れて
かき混ぜたもの

茶色で、
すき通っている。

( )

はココだよ！ 色がついていても、すき通っている（とうめい）ならとけたといえるよ！

かずみさんは、水にさとうをとかす前後で、全体の重さをはかって、次のようにまとめました。（　）にあてはまる数を書きましょう。

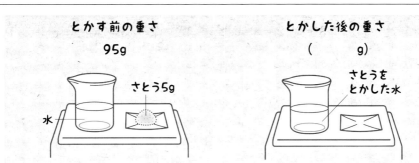

とかす前の重さ
95g

とかした後の重さ
（　　　g）

さとう5g

水

さとうを
とかした水

ものをとかすと見えなくなるから、軽くなると思っていたけど、全体の重さは、変わらなかった。とけたものは見えなくなっても、水よう液の中にあることがわかった。

とけたものはなくならず、水よう液の中にあるんだね！

表は、食塩とミョウバンが水にどれだけとけるかを調べたものです。次の問題に答えましょう。

水にとかすもの	水 50mL	水 100mL
食塩	18g	36g
ミョウバン	4g	8g

食塩は水 50mL に、何 g とけますか。

（　　　g）

食塩は水 100mL に、何 g とけますか。

（　　　g）

水の量を 2 倍にすると、とける食塩やミョウバンの量は何倍になりますか。

（　　　倍）

同じ量の水にとけるものの量は、とかすものの種類によって同じですか。ちがいますか。

（　　　　　　）

ものが水にとける量は、とかすものによって決まっているよ。

もののとけ方②

温度とものがとける量
次の［　］の中の文字を
なぞって、もののとけ方に
ついてまとめましょう。

水の温度とものがとける量

ミョウバン　食塩

水の温度を上げたとき、水にとける量の
変化のしかたは、とかすものによって
［ ちがう ］。ミョウバンは水にとける
量が増えるが、食塩はほとんど変化しない。

ミョウバンのように、温度によって水にとける量が大きく変化するものは、水よう液の
温度を［ 下げて ］、水よう液からとけているものを取り出すことができる。

食塩のように、温度によって水にとける量がほとんど変化しないものでも、水を
［ じょう発 ］させると、水よう液からとけているものを取り出すことができる。

液の中にとけなくなったつぶは、ろ過で取り出せるよ！

じゅんいちさんは、水の温度ともののとけ方の関係を調べました。
（　）にあてはまる言葉を、あとの▢から選んで書きましょう。

水50mLにとけた量

温度	10℃	30℃	60℃
ミョウバン	4g	8g	28g
食塩	18g	18g	18g

ミョウバン…温度を上げると、
とける量は（　　　　　　　）。
食塩…温度を上げても、
とける量は（　　　　　　　）。

わかったこと
水の温度を変化させたときの、水にとける量の変化のしかたは、
ミョウバンと食塩では（　　　　　　　）。

増えた　　減った　　変わらない　　ちがう

ものによって、温度を上げたときのとける量の変化はちがうね。

60℃のミョウバンの水よう液を 10℃になるまで冷やすと、液の中からミョウバンのつぶが現れました。次の問題に答えましょう。

冷やして現れたつぶを、図のようなそうちを使って、こして取り出しました。この方法を何といいますか。

(　　　　　)

図で、　の紙、　のガラス器具を何といいますか。

(　　　　　)

(　　　　　)

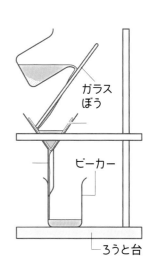

ガラスぼう

ビーカー

ろうと台

60℃の湯 50mL に食塩をとけるだけとかして、食塩水をつくりました。この食塩水を 10℃になるまで冷やすと、食塩は取り出せますか。取り出せませんか。

(　　　　　　　　)

 は
ココだよ！

ろ紙でこして、液に混ざったものを取り出すことをろ過というよ。

みんなで食塩水から食塩を取り出す方法について話しています。食塩を取り出すことができるのはだれですか。

ふうか　食塩水の温度を
下げればいいね。

ゆうな　食塩水の水を
じょう発させよう。

ゆい　食塩水の温度を
上げよう。

りこ　水の量を
増やそうかな。

(　　　　)

 は
ココだよ！

食塩が水にとける量は、温度によってほとんど変わらないよ。

答え 13 ページ

電磁石のはたらき

（　）にあてはまる言葉を選んで、○で囲みましょう。

導線を同じ向きに何回もまいたものを（　コイル　・　電磁石　）という。

電磁石は、電流を（　流しているとき　・　流していなくても　）磁石のはたらきをする。

電磁石に流す電流の向きを逆にすると、電磁石の極は
（　逆になる　・　変わらない　）。

コイルのまき数が同じときは、電流が大きいほど、
電磁石の強さは（　強く　・　弱く　）なる。また、
電流の大きさが同じときは、コイルのまき数が多い
ほど、電磁石の強さは（　強く　・　弱く　）なる。

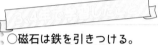

○磁石は鉄を引きつける。
○磁石にはN極とS極がある。
○かん電池をつなぐ向きを
逆にすると、電流の向きも
逆になる。

電流を流すのをやめると、電磁石の力はなくなってしまうよ！

図のようなそうちで、コイルに
電流を流しました。次の問題に
答えましょう。

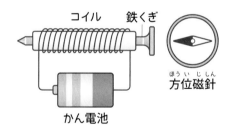

コイル　鉄くぎ
方位磁針
かん電池

① コイルに電流を流したとき、鉄くぎを入れた
コイルは磁石のはたらきをします。
これを何といいますか。

（　　　　　）

② 図で、かん電池をつなぐ向きを逆にすると、方位磁針の針が指す向きは、
～　のどの向きになりますか。

（　　）

電流の向きを逆にすると、電磁石の極も逆になるよ！

図のようなそうちで、電磁石の強さを調べました。
次の問題に答えましょう。

① 図の　と　で、変えた条件は
　～　のどれですか。

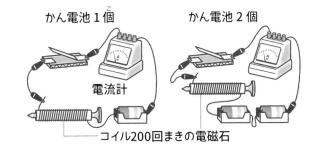

かん電池1個　　　　かん電池2個

電流計

コイル200回まきの電磁石

　　ア 電流の大きさ
　　イ コイルのまき数
　　ウ 電流の向き
　　　　　　　　（　　　　）

② 電流を流したとき、電磁石に鉄のクリップが多くついたのは、　、　のどちらですか。
　　　　　　　　　　　　　　　　　　　　（　　　　）

③ 電流が大きいほど、電磁石の強さはどうなりますか。

　　　　　　　　　　　　　　（　　　　　　　）

⑦は2個のかん電池を直列につないでいるね！

みんなで電磁石の強さを比べました。
電磁石の強さが強い順に、名前をならべましょう。

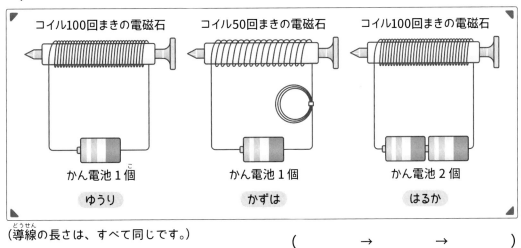

コイル100回まきの電磁石　　コイル50回まきの電磁石　　コイル100回まきの電磁石

かん電池1個　　　　　かん電池1個　　　　　かん電池2個

ゆうり　　　　　　　かずは　　　　　　　はるか

（導線の長さは、すべて同じです。）
　　　　　　　　　　　　（　　　→　　　→　　　）

強い電磁石をつくるにはどうすればよかったかな？

答え13ページ

理科で使う器具について、かくにんしよう。

☑ けんび鏡を使うと、とても小さなものが大きく見える。

けんび鏡の倍率の求め方

接眼レンズの倍率×対物レンズの倍率

(例)接眼レンズの倍率が 10 倍、

　　対物レンズの倍率が 30 倍のとき、

　　10×30＝300　　よって、300 倍

注意 目をいためるので、絶対に日光が
　　 直接当たるところでは使わない。

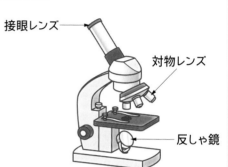

接眼レンズ

対物レンズ

反しゃ鏡

☑ 電流計を使うと、回路を流れる電流の大きさを調べることができる。

電流計の使い方

・電流をはかりたい回路に、直列つなぎ(ひと続き)に

　なるようにつなぐ。

・＋たんし(赤)はかん電池の＋極側に

　つながっている導線を、－たんし(黒)は

　かん電池の－極側につながっている導線をつなぐ。

・電流の大きさは A(アンペア)や mA(ミリアンペア)という単位で表す。

　(1A = 1000mA、1mA = 0.001A)

電流計

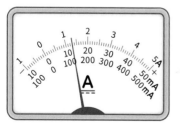

5A の－たんしにつないでいるとき…1.3A

500mA の－たんしにつないでいるとき…130mA

50mA の－たんしにつないでいるとき…13mA

注意 電流計がこわれることがあるので、電流計にかん電池や電源そうちだけを
　　 つないではいけない。

は
ココまで！

安全に気をつけて、楽しく観察・実験をしよう。

Social Studies

～社会のお勉強～

もくじ

地球のすがた

1 しゃかい

世界地図をながめてみよう！

次の［　］の言葉をなぞりましょう。

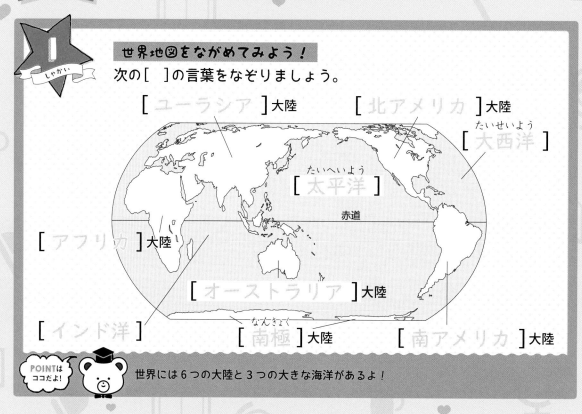

［ ユーラシア ］大陸　　　［ 北アメリカ ］大陸

［ 大西洋 ］（たいせいよう）

［ 太平洋 ］（たいへいよう）

赤道

［ アフリカ ］大陸

［ オーストラリア ］大陸

［ インド洋 ］　　　［ 南極 ］（なんきょく）大陸　　　［ 南アメリカ ］大陸

**POINTは
ココだよ！** 世界には6つの大陸と3つの大きな海洋があるよ！

2 しゃかい

次にあてはまる国名を、下から選んで書きましょう。

❶（　　　　　　　　）
❷（　　　　　　　　）
❸（　　　　　　　　）
❹（　　　　　　　　）
❺（　　　　　　　　）
❻（　　　　　　　　）

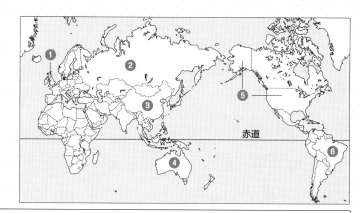

赤道

ロシア連邦（れんぽう）　アメリカ合衆国（がっしゅうこく）　イギリス　ブラジル　オーストラリア　中華人民共和国（ちゅうかじんみんきょうわこく）

**POINTは
ココだよ！** ロシア連邦と中華人民共和国は、ユーラシア大陸にある国だね。

Social studies

3 しゃかい　次にあてはまる言葉や数字を、下から選んで書きましょう。

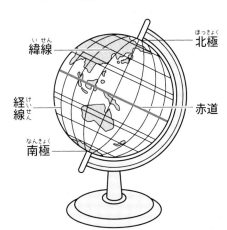

緯線　北極（ほっきょく）
緯線（いせん）
経線（けいせん）　赤道
南極（なんきょく）

・地図や地球儀（ちきゅうぎ）に引かれたたての線を
（❶　　　　　　　　　）、横の線を
（❷　　　　　　　　　）という。

・❶は、イギリスを通る線を0度として、
東西を（❸　　　　　　　　）度に分ける。

・❷は、（❹　　　　　　　　）を0度として、
南北を（❺　　　　　　　　）度に分ける。

緯線　　経線　　90　　180　　赤道

POINTはココだよ！　地球儀は、地球の形や方位、きょりなどをそのまま小さくしたものだね。

4 しゃかい　次の（　）のうち、正しいほうを選んで、〇で囲（かこ）みましょう。

❶　（　ユーラシア大陸　・　アフリカ大陸　）は、世界で一番大きな大陸である。

❷　最も大きな海洋は、（　インド洋　・　太平洋（たいへいよう）　）である。

❸　赤道は、（　アフリカ大陸　・　オーストラリア大陸　）と南アメリカ大陸を
通っている。

❹　経度（けいど）0度の線は、（　イギリス　・　中華人民共和国（ちゅうかじんみんきょうわこく）　）を通っている。

❺　日本は、（　北半球　・　南半球　）に位置する国である。

❻　世界で一番広い面積をもつ国は、（　ロシア連邦（れんぽう）　・　アメリカ合衆国（がっしゅうこく）　）で、
日本の約45倍の広さがある。

❼　中華人民共和国は、（　アフリカ大陸　・　ユーラシア大陸　）に位置する国である。

POINTはココだよ！　地球の赤道よりも北を北半球、南を南半球というよ。

Social studies

日本の国土と地形

5 しゃかい

日本の領土と近くの国

次の[ ]の言葉をなぞりましょう。

1 世界一広い国
[ロシア連邦]

2 日本から一番近い国
[大韓民国]

3 日本の北のはし、北方領土の1つ
[択捉島]

4 日本の南のはし
[沖ノ鳥島]

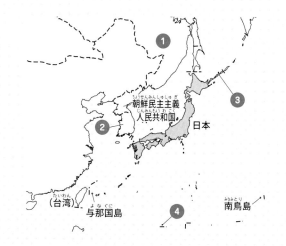

朝鮮民主主義人民共和国　日本
（台湾）　与那国島　南鳥島

POINTはココだよ！ 日本は周囲を海に囲まれた島国だね。

6 しゃかい

次の( )にあてはまる島名を、下から選んで書きましょう。

北のはし…**1** ( )

西のはし…**2** ( )

南のはし…**3** ( )

東のはし…**4** ( )

| 南鳥島 | 沖ノ鳥島 |
| 与那国島 | 択捉島 |

ロシア連邦が不法に占領している。

日本

海にしずまないように、周囲をコンクリートで固めている。

POINTはココだよ！ 北のはしの島は北海道、西のはしの島は沖縄県、南と東のはしの島は東京都に属しているよ。

Social studies

7 地図を見て、次の問題に答えましょう。

❶ 地図中の ア の島々をまとめて何といい
　ますか。　　　　　（　　　　　　　）

❷ 地図中の ア の島々を不法に占領してい
　る国はどこですか。
　　　　　　　　　　（　　　　　　　）

❸ 地図中の イ は、大韓民国に不法に占領
　されています。この島を何といいます
　か。　　　　　　　（　　　　　　　）

ロシア連邦
中華人民共和国
朝鮮民主主義
人民共和国
ソ イ 日本
大韓民国
（台湾）
ア

POINTは
ココだよ！
イ の島は島根県に属しているよ。

8 次の（　）にあてはまる山地・山脈・川・平野名を、
　下から選んで書きましょう。

❶ （　　　　　　）　❷ （　　　　　　）

❸ （　　　　　　）　❹ （　　　　　　）

❺ （　　　　　　）　❻ （　　　　　　）

❼ （　　　　　　）

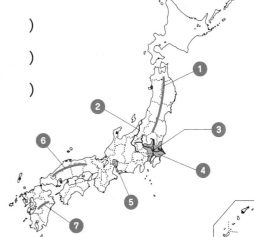

九州山地　奥羽山脈　中国山地
利根川　信濃川　関東平野　濃尾平野

POINTは
ココだよ！
わからないときは、120 ページのまとめや地図帳、教科書で確認してみよう。

日本の気候

⭐9 しゃかい

日本の気候

次の[ ]の言葉をなぞりましょう。

❶ [北海道]の気候
冬の寒さがきびしい。

❷ [日本海側]の気候
冬に多くの雪がふる。

❸ [太平洋側]の気候
あたたかく、夏や秋に雨が
多い。

❹ [中央高地]の気候
夏と冬の気温差が大きい。

❺ [瀬戸内海]の気候
あたたかく、雨が少ない。

❻ [南西諸島]の気候
気温が高く、雨が多い。

POINTはココだよ！ 緯度や標高などのちがいで、いろいろな気候に分かれるんだね！

⭐10 しゃかい

次のカードにあてはまる日本の気候を、下から選んで書きましょう。

❶	❷	❸	❹
気温はあたたかく、年間降水量がほかの地域よりも少ないよ。	冬が長くて、寒さがきびしく、年間降水量がほかの地域よりも少ないよ。	夏の気温は高いけど、冬にたくさんの雪がふって降水量が多くなるよ。	一年を通して気温が高く、冬でもあたたかいよ。年間降水量が多いよ。

（　　　　　　）　　（　　　　　　）　　（　　　　　　）　　（　　　　　　）
　　の気候　　　　　　　の気候　　　　　　　の気候　　　　　　　の気候

日本海側　　瀬戸内海　　南西諸島　　北海道

POINTはココだよ！ 日本の気候は、気温と降水量から6つに分けられているんだ。

ひかるさんとゆうやさんが、日本の気候について会話をしています。
会話文中の（　）にあてはまる言葉を書きましょう。

ひかる

日本には、夏は南東から、冬は北西から（❶　　　　　　　　　）が
ふいているよ。

この風のえいきょうで、夏は太平洋側で、冬は日本海側で、
雨や雪がたくさんふるんだよね。それから、6月から7月
ごろは、たくさん雨がふる（❷　　　　　　　　　）の時
期だね。

ゆうや

ひかる

ほかにも夏から秋にかけては、（❸　　　　　　　　　）がくるよ。
強い風や雨で、被害が出ることもあるよ。

 POINTはココだよ！　日本で雨が多くふる時期はいつかな？

Social studies

次の気温と降水量のグラフにあてはまる気候名を書きましょう。

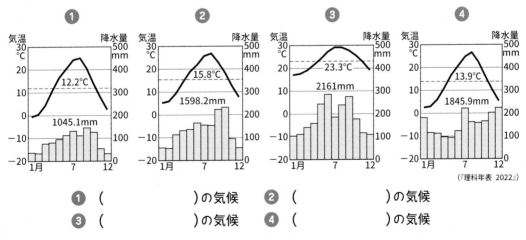

❶　12.2℃　1045.1mm
❷　15.8℃　1598.2mm
❸　23.3℃　2161mm
❹　13.9℃　1845.9mm

（『理科年表 2022』）

❶　（　　　　　　　　　）の気候　　❷　（　　　　　　　　　）の気候
❸　（　　　　　　　　　）の気候　　❹　（　　　　　　　　　）の気候

 POINTはココだよ！　①は夏と冬の気温差が大きくて、③は一年中あたたかいよ。④は冬の降水量が多いね。

04 地形と気候と人々のくらし

★13 しゃかい

次の[ ]の言葉をなぞりましょう。

あたたかい土地

○ 沖縄県は一年を通してあたたかく、
○ [台風] が多い。美しい自然があり、
○ たくさんの観光客がおとずれる。かつては
○ [アメリカ] に占領されていた。

寒い土地

[北海道] では、きびしい冬の寒
さや雪から家を守る工夫がされている。
昔から [アイヌ] の人々がくらし
ている。

高い土地

高い土地では、[夏] の気温が上がり
にくいため、[レタス] やキャベツ
などの高原野菜のさいばいに適している。

低い土地

川よりも低い土地では、[水害]
からくらしを守るために、[堤防]
に囲まれた輪中を築いた。

POINTはココだよ!
人々は気候や地形に合わせたさまざまなくらしをしているよ。

★14 しゃかい

次の（ ）にあてはまる言葉を書きましょう。

沖縄県の伝統的な家

シーサー（守り神）
しっくいでとめたかわら

台風に備えて、屋根がわらを
（❶　　　　　　　　）でとめ、家
のまわりを、（❷　　　　　　　　）
や防風林で囲んでいる。

北海道の家

かたむきの急な屋根
とけた雪はくぼんだみぞから排水される。
三重の玄関
二重のまど
かべやゆかに断熱材を入れる。
ストーブ

（❸　　　　　　　　　　）が落ちるよ
うに、屋根を急な角度にしている。
まどや玄関は（❹　　　　　　　）に
し、あたたかさを保つ工夫をしている。

POINTはココだよ!
沖縄県は台風の被害が多いよ。北海道は冬の寒さがきびしいよ。

次のりんさんの日記を読んで、（　）にあてはまる言葉を、
下から選んで書きましょう。

✕月〇日
　今日は、夏休みの旅行で、（① 　　　　　　　　　）の八ヶ岳に遊びに行ったよ。
レタスなど（② 　　　　　　　）の畑が広がっていたよ！

✕月△日
　今日は、岐阜県で、堤防に囲まれた
（③ 　　　　　　）を見たよ。昔は、こう水の
ときはほかの建物より高い（④ 　　　　　　）
にひなんしていたんだって。

堤防　　水屋　　母屋　　堤防

長野県　　高原野菜　　水屋　　輪中

POINTは
ココだよ！　夏でもすずしい、標高が高い土地で生産される野菜を高原野菜というよ。

次の話は、それぞれどの土地にくらす人の話ですか。
あてはまる記号を選んで書きましょう。

ア　冬の寒さをいかして、観光に力を入れています。

イ　輪中では、排水設備を整えて米づくりなどの農業を行っています。

ウ　レタスは早朝のうちに収穫し、新鮮なままとどけます。

エ　台風にも強いさとうきびのさいばいがさかんです。

① あたたかい土地（　　　）　　② 寒い土地（　　　）
③ 高い土地　　（　　　）　　④ 低い土地（　　　）

POINTは
ココだよ！　それぞれの土地のくらしの特色を思い出してみよう。

答え14ページ

Social studies

社会のお勉強

05 日本の農業

17 しゃかい

次の[　]の言葉をなぞりましょう。

日本の農業

・日本で、最も生産額の割合が高い農産物は［ 畜産物 ］である。農産物の生産額は［ 北海道 ］が一番高い。

・畜産物は、北海道や［ 九州 ］地方で多く生産されている。

・［ 長野県 ］などでは、夏のすずしい気候を利用して、［ 宮崎県 ］や高知県などでは、冬でもあたたかい気候を利用して、野菜のさいばいを行っている。

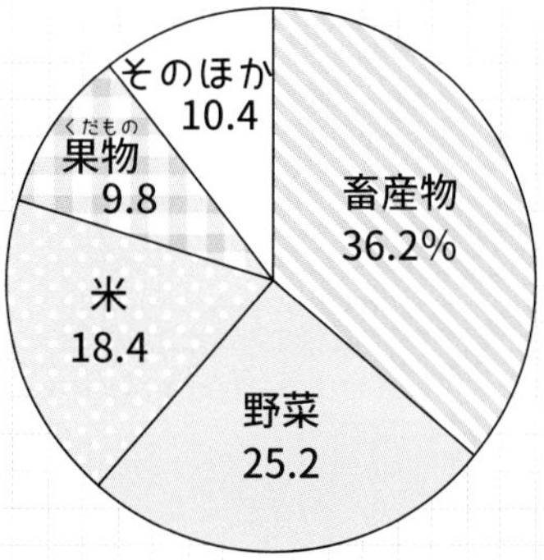

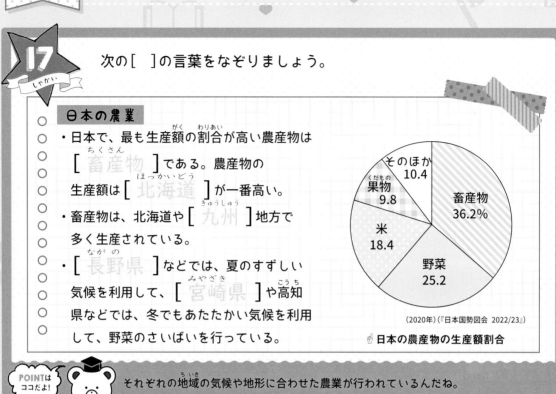

そのほか
10.4
果物
9.8
畜産物
36.2%
米
18.4
野菜
25.2

(2020年)(『日本国勢図会 2022/23』)

☝ 日本の農産物の生産額割合

POINTはココだよ!　それぞれの地域の気候や地形に合わせた農業が行われているんだね。

18 しゃかい

右の地図を見て、次の都道府県で生産がさかんな果物を、下からすべて選んで記号を書きましょう。

1. 青森県　（　　　）
2. 岩手県　（　　　）
3. 福島県　（　　　）
4. 長野県　（　　　）
5. 山梨県　（　　　）
6. 静岡県　（　　　）
7. 和歌山県　（　　　）
8. 愛媛県　（　　　）

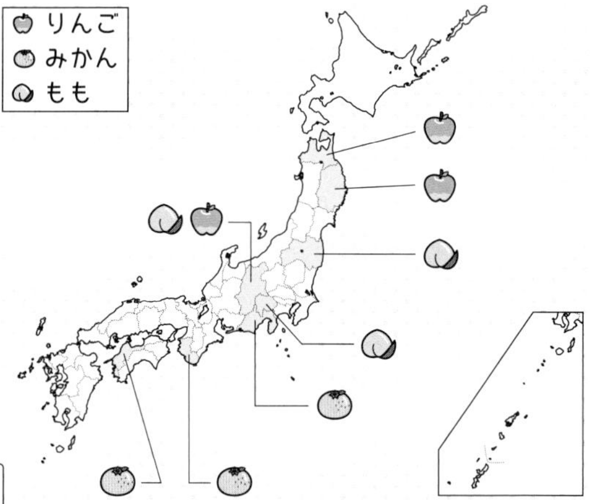

りんご
みかん
もも

☝ 果物の生産がさかんな都道府県

㋐ りんご	㋑ みかん	㋒ もも

POINTはココだよ!　りんごはすずしい気候、みかんはあたたかい気候の地域で生産がさかんだよ!

Social studies

19 次の（　）にあてはまる都道府県を、下から選んで書きましょう。

	都道府県	農業の特色
①	（　　　　　）	広大な土地をいかした農業。
②	茨城県や （　　　　　）など	東京都などの大消費地に近く、さまざまな野菜を さいばいし、出荷している。
③	群馬県や （　　　　　）など	夏でもすずしい気候をいかして、レタスなどの 高原野菜をさいばいしている。
④	（　　　　　）や 高知県など	冬でもあたたかい気候をいかして、ピーマン などの夏野菜をさいばいしている。

宮崎県　　千葉県　　長野県　　北海道

POINTはココだよ！　それぞれの地域の特色をいかして野菜をつくっているよ！

20 右の地図を見て、次の問題に答えましょう。

❶ 畜産が最もさかんな都道府県は
どこですか。
（　　　　　　　）

❷ 乳牛を飼育し、牛乳や乳製品を
つくる農業を何といいますか。
（　　　　　　　）

❸ 肉牛やぶたの飼育がさかんな地方
はどこですか。
（　　　　　）地方

🐄 畜産がさかんな都道府県

POINTはココだよ！　乳牛や肉牛などを飼育するには、牧草をつくるための広い土地が必要だよ。

答え 15 ページ

Social studies

日本の米づくり

21 しゃかい

次の[ ]の言葉をなぞりましょう。

日本の米づくり

- 北海道や[東北]地方で特にさかん。
- 米づくりの作業は、3月ごろに始まり、5月に[田植え]、9月に[稲かり]など、長い期間をかけて行われる。
- いろいろな品種をかけ合わせて、よりよい品質の米をつくる[品種改良]が行われている。
- 近年は、農業で働く人の数が減り、働く人の[高れい化]が問題となっている。

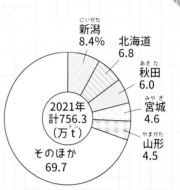

新潟 8.4%
北海道 6.8
秋田 6.0
宮城 4.6
山形 4.5
そのほか 69.7
2021年 計756.3（万t）

（2021年）（『日本国勢図会 2022/23』）

🌾 都道府県別米の生産量の割合

POINTはココだよ！ 日本の主食は米だね！どのように米づくりが行われているのかな？

22 しゃかい

米づくりのカレンダーの（ ）にあてはまるものを、下から選んで記号を書きましょう。

3月	4月	5月	6月	7月	8月	9月	10月
種もみを選ぶ	種まき 田おこし	❶（ ）	❷（ ）	稲の生長を調べる	❸（ ）	穂が出る	❹（ ）かんそうだっこく もみすり	たい肥づくり

 ㋐ 稲かり

 ㋑ 農薬をまく

 ㋒ 代かき

 ㋓ 田植え

POINTはココだよ！ 米づくりは、長い期間をかけて行われているんだね。

23 しゃかい

農家の山田さんの話を読んで、次の(　)にあてはまる言葉を、下から選んで書きましょう。

山田さん

日本の米づくりでは、よりおいしく、育てやすい米にするために、(❶　　　　)を行っています。
50年ほど前から、米の(❷　　　　)が消費量を上回り、米が余るようになりました。そのため、農家をやめてしまう人や、(❸　　　　)農家となる人が増えています。また、農業をつぐわかい人が少ないので、農業で働く人の(❹　　　　)化も進んでいます。

生産量　品種改良　高れい　兼業

POINTはココだよ！　品種改良によって、コシヒカリやひとめぼれなど、いろいろな品種が開発されたよ。

24 しゃかい

次のカードのうち、正しいものをすべて選んで記号を書きましょう。

[ア] 西日本では、ほとんど米づくりは行われていないよ。

[イ] 東北地方の県では、耕地にしめる水田の割合が高いよ。

[ウ] 日本海側では、豊富な雪解け水を利用して米づくりを行っているよ。

[エ] 家族全員が農業以外の仕事をしていない農家を、専業農家というよ。

[オ] 米づくりでは機械を使わず、ほとんどの作業を人の手で行うよ。

[カ] 収穫した米はカントリーエレベーターに保管され、出荷されるよ。

(　　　　　　)

POINTはココだよ！　収穫した米は、まずカントリーエレベーターに集められるよ。

答え15ページ

社会のお勉強

07 日本の水産業と食料生産

25 しゃかい 次の[ ]の言葉をなぞりましょう。

日本の水産業

・日本の近海には、[大陸だな]や暖流と寒流がぶつかる潮目（潮境）があり、
よい漁場になっている。

・[沖合漁業]の水あげ量が最も多いが、近年は水産物の[輸入]が
多い。

・水産資源を守るために、[養しょく業]やさいばい漁業など
「つくり育てる」漁業にも力を入れている。

日本の食料生産

・わたしたちが食べている食料のうち、国内で生産した
食料の割合を[食料自給率]という。

POINTは
ココだよ!
海に囲まれた日本では、水産業がさかんだよ!

26 しゃかい こうたさんとめぐみさんが、日本の水産業について会話をしています。
次の（ ）にあてはまる言葉を書きましょう。

こうた
千葉県の（❶　　　　　　　）港
は水あげ量が多いことで有名だね。

めぐみ
水深 200m くらいまでに広がる
（❷　　　　　　　）には、
多くの魚が集まるよ。

こうた
暖流の（❸　　　　　　　）と
寒流の（❹　　　　　　　）が
ぶつかる潮目（潮境）はよい漁場だよ。

POINTは
ココだよ!
大陸だなには、魚のえさとなるプランクトンが多いんだ!

Social studies

27 次の（　）にあてはまる言葉を、右下から選んで書きましょう。

遠洋漁業	（①　　　　　　　）の海で、長期間にわたって行う。
（　②　　　　　　）	10t 以上の船を使って、数日かけて行う。最も生産量が多い。
沿岸漁業	（③　　　　）未満の船を使った漁や定置あみ漁など。
（　④　　　　　　）	たまごから大きくなるまで育てる。
さいばい漁業	たまごから稚魚・稚貝になるまで育て、川や海に放流し、成長してからとる。

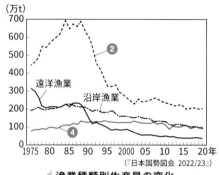

（『日本国勢図会 2022/23』）
漁業種類別生産量の変化

| 10t　養しょく業　沖合漁業 |
| 近く　遠く |

POINTはココだよ! 漁業の生産量はだんだん減少しているね。

28 次の文を読んで、正しいものには〇を、まちがっているものには×を書きましょう。

❶ 日本の食料自給率は、アメリカよりも低い。　（　　）

❷ 日本の米の自給率は 90% 以上ある。　（　　）

❸ 日本のおもな食料のうち、小麦の自給率が最も低い。　（　　）

❹ 日本で食べられている果物はほとんど国内で生産されている。　（　　）

国名	自給率（%）
日本	37
アメリカ	132
フランス	125

（日本は 2020 年度、そのほかは 2018 年）
（『日本国勢図会 2022/23』）
日本と世界の国々の食料自給率

食料	自給率（%）
米	97
野菜	80
肉類	53
果物	38
小麦	15
大豆	6

（2020 年度）（『日本国勢図会 2022/23』）
日本のおもな食料の食料自給率

POINTはココだよ! 日本は多くの食料を外国からの輸入にたよっているんだ。

Social studies

工業のさかんな地域

29 しゃかい

次の[　]の言葉をなぞりましょう。

おもな工業

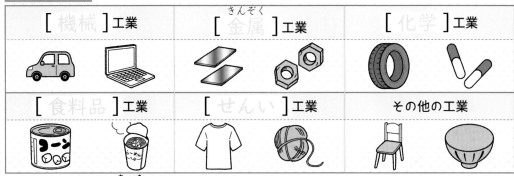

[機械]工業	[金属]工業	[化学]工業
	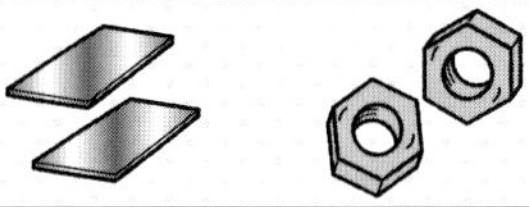	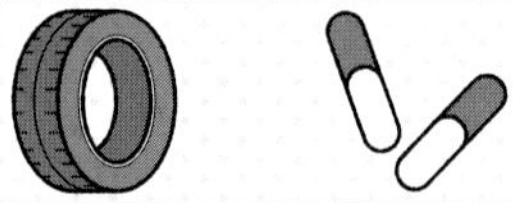
[食料品]工業	[せんい]工業	その他の工業
	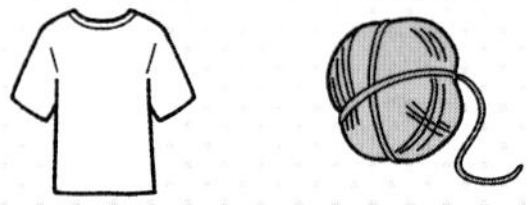	

工業のさかんな地域

・[太平洋ベルト]は関東地方の南部から九州地方の北部に広がる。

POINTはココだよ! 太平洋ベルトには、工業地帯や工業地域が集まっているよ。

30 しゃかい

次の工業にあてはまる工業製品を選び、線で結びましょう。

1. 機械工業
2. 金属工業
3. 化学工業
4. 食料品工業
5. せんい工業

[ア] 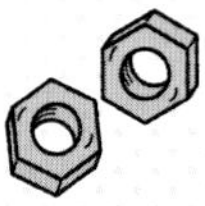

[イ] 

[ウ] 

[エ] 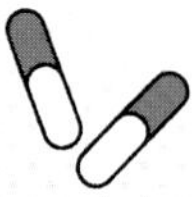

[オ] 

POINTはココだよ! 自分の身の回りにあるものは、どの工業にあてはまるのか考えてみよう。

31 次の（　）にあてはまる工業地帯・工業地域名を、下から選んで書きましょう。

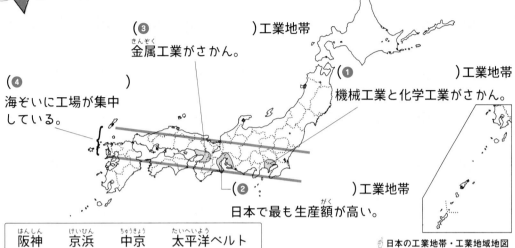

（❸　　　　　）工業地帯
金属工業がさかん。

（❹　　　　　）
海ぞいに工場が集中
している。

（❶　　　　　）工業地帯
機械工業と化学工業がさかん。

（❷　　　　　）工業地帯
日本で最も生産額が高い。

| 阪神 | 京浜 | 中京 | 太平洋ベルト |

日本の工業地帯・工業地域地図

 **POINTは
ココだよ！** たくさんの工場が集まっている地域を工業地域というよ。

32 次の（　）のうち、正しいほうを選んで、〇で囲みましょう。

・日本は、（❶　大工場　・　中小工場　）のほう
　が工場数や働く人の数が多いが、生産額は
　（❷　大工場　・　中小工場　）のほうが高い。

・昔は（❸　機械　・　せんい　）工業が中心
　だったが、現在は（❹　機械　・　せんい　）
　工業がさかんである。

・おもな工業地帯・工業地域は、原料や工業
　製品の輸送に便利な（❺　海ぞい　・　内陸部　）
　に多い。近年は、（❻　高速道路　・　鉄道　）が全国に広がり、
　（❼　海ぞい　・　内陸部　）にも工業地域が広がっている。

大工場 1.0%

| 工場数 | 中小工場 99.0 | |

| 働く人の数 | 32.7% | 67.3 |

| 生産額 | 52.6% | 47.4 |

（2019年）（『日本国勢図会 2022/23』）
大工場と中小工場の割合

 **POINTは
ココだよ！** 原料や工業製品の輸送には、おもに船が使われるよ。

Social studies

日本の自動車工業

33 しゃかい

次の[　]の言葉をなぞりましょう。

自動車の部品をつくる

・自動車は、たくさんの部品を使ってつくられる。これらの部品は、さまざまな[関連工場]でつくられたあと、[組み立て工場]に送られる。

自動車を組み立てる流れ

① [プレス]
② [ようせつ]
③ [とそう]
④ 組み立てライン
⑤ 検査(けんさ)

これからの自動車生産

・近年では、世界のいろいろな国に工場をつくり、[現地(げんち)生産]を行っている。
・地球の環境(かんきょう)を守るために、電気などで走る[ハイブリッドカー]などが開発されている。

POINTはココだよ! 日本は自動車の生産がさかんだよ。日本の自動車は世界中で売られているんだ。

34 しゃかい

次の問題に答えましょう。

1 次の組み立て工場の作業にあてはまるカードを選び、線で結びましょう。

㋐

㋑

㋒

㋓
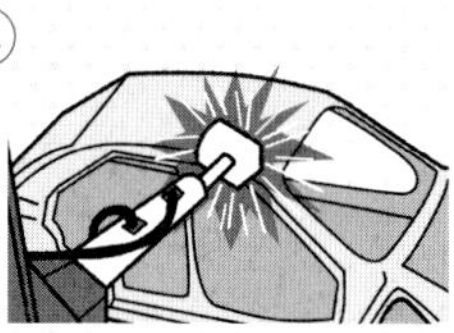

とそう	組み立て	プレス	ようせつ

2 **1**の㋐～㋓を、自動車がつくられる順番にならべましょう。

(　　)→(　　)→(　　)→(　　)→検査(けんさ)

POINTはココだよ! 自動車は一定の速さのコンベヤーにのせられて、流れ作業でつくられるよ。

35

次の（　）にあてはまる言葉を、下から選んで書きましょう。

・組み立て工場は、（❶　　　　　　　　）へ必
　要な量だけ（❷　　　　　　　　）を注文する。
　組み立て工場の作業の（❸　　　　　　　）
　に合わせて、❶は、❷をとどける。
・組み立て工場では、（❹　　　　　　　　）に
　車をのせて、（❺　　　　　　　　）して作業を
　行うことで、効率よく作業を進めている。

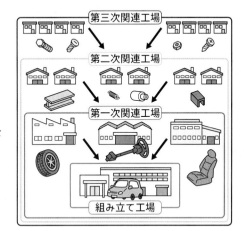

第三次関連工場

第二次関連工場

第一次関連工場

組み立て工場

```
部品　時間　コンベヤー
分たん　関連工場
```

POINTは
ココだよ！　組み立て工場の作業に合わせて、関連工場で部品をつくっているよ。

36

次のうち、まちがっているものを選んで、記号を書きましょう。

ア　自動車の組み立て工場と関連工場は、近くに建てられているよ。

イ　日本の自動車は世界中へ、おもに飛行機で輸出されているよ。

ウ　電気などを利用して走るハイブリッドカーがつくられているよ。

エ　国内で生産するだけでなく、海外で現地生産も行っているよ。

（　　　）

POINTは
ココだよ！　日本はさまざまな国と協力しながら、自動車づくりを行っているよ。

Social studies

日本の交通と貿易

37
しゃかい

次の[ ]の言葉をなぞりましょう。

日本の交通

- 自動車・船・鉄道・飛行機で人やものを運ぶことを運輸という。原料や工業製品を運ぶにはおもに[船]、軽くて高価なものを運ぶにはおもに[飛行機]を使う。

日本の貿易

- 日本は、かつてせんい原料の輸入が最も多かったが、現在は[機械類]や石油などの[燃料]の輸入が多い。また、輸出においても機械類の輸出が多い。

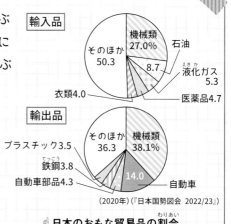

輸入品

機械類 27.0%
そのほか 50.3
石油 8.7
液化ガス 5.3
衣類 4.0
医薬品 4.7

輸出品

そのほか 36.3
機械類 38.1%
プラスチック 3.5
鉄鋼 3.8
自動車部品 4.3
自動車 14.0

(2020年)(『日本国勢図会 2022/23』)

🖋 日本のおもな貿易品の割合

POINTはココだよ！ 日本は世界有数の貿易大国で、多くの品物を輸出入しているよ。

38
しゃかい

かなさんとまほさんが日本の交通について会話をしています。
会話文中の( )にあてはまる言葉を書きましょう。

かな

国内で工業製品を輸送するときには、自動車のうち、
（❶　　　　　　　　　　）がおもに使われるよ。高速道路
が日本全国に広がったから、輸送時間も短くなったの。

鉄道は、一度にたくさんのものを運ぶことが
できるから、（❷　　　　　　　　　）による
工業製品の輸送も行われているよ。

まほ

かな

海外に行くには、（❸　　　　　　　　　）が速いね！
軽くて高価な電子部品や水産物などの輸送にも使われるよ。

POINTはココだよ！ 輸送量が最も多い交通手段は自動車だよ。どこへでも行けるから便利だね。

39 しゃかい

右のグラフを見て、次の（　）にあてはまる言葉を書きましょう。

❶ 1960年においては、日本の輸入品は、
（　　　　　　　　　）が最も多い。

❷ 2020年においては、日本の輸入品は、
（　　　　　　　　　）が最も多い。

❸ 1960年においては、日本の輸出品は、
（　　　　　　　　　）が最も多い。

❹ 2020年においては、日本の輸出品は、
（　　　　　　　　　）が最も多い。

輸入品

1960年 16(千億円)	せんい原料 17.6%	石油 13.4	機械類7.0	鉄くず5.1	鉄鉱石4.8	そのほか 52.1

2020年 680(千億円)	機械類 27.1%	石油 8.7	液化ガス5.4	衣類4.0 医薬品4.7	そのほか 50.1

輸出品

1960年 15(千億円)	せんい品 30.2%	機械類 12.2	鉄鋼 9.6	船ぱく7.1	魚かい類4.3	そのほか 36.6

2020年 684(千億円)	機械類 38.1%	自動車 14.0	自動車部品4.3 鉄鋼3.8	プラスチック3.5	そのほか 36.3

（『日本国勢図会 2022/23』）

☞ 日本のおもな輸出入品の貿易額の割合の変化

POINTはココだよ！　日本の工業の中心がせんい工業から機械工業に変わったんだね。

40 しゃかい

次の問題に答えましょう。

❶ 日本が以前さかんに行っていた、原料を輸入して、すぐれた技術で質のよい加工品にし、輸出していた貿易を何といいますか。

（　　　　　　　）

❷ 日本が最も多く輸入している相手国はどこですか。

（　　　　　　　）

❸ 現在、日本がアジア地域から多くの工業製品を輸入しているのはなぜですか。
あてはまる理由を次から選んで、記号を書きましょう。

㋐ 高くても、使いやすい製品だから。

㋑ デザインのよい製品だから。

㋒ 安くて、品質のよい製品だから。

（　　　　）

POINTはココだよ！　日本は、アジア地域などに工場をつくり、現地で生産した工業製品を輸入しているよ。

Social studies

情報産業

41 しゃかい

次の[　]の言葉をなぞりましょう。

ニュースができるまで

① 情報収集→② 編集会議

↓

③ [取材]

↓

④ 原稿の作成

↓

⑤ 映像の編集

↓

⑥ [放送]

情報とわたしたちの生活

・情報を送る方法を [メディア] といい、テレビや新聞、[インターネット] などがある。

・情報は受け取るだけではなく、[発信] することもできる。何が正しい情報かを判断して、情報を活用することが大切である。

・最近は [情報ネットワーク] が、病院などと地域のつながりに役立てられている。

POINTはココだよ! インターネットは、文字や映像などで情報を受け取ったり、発信したりできるね!

42 しゃかい

次の問題に答えましょう。

1 次の絵を、ニュースがつくられる順番となるようにならべかえ、(　)に記号を書きましょう。

㋐

㋑

㋒

情報収集→(　　)→取材→原稿の作成→(　　)→(　　)

2 右のメディアの特色を、下から選んで記号を書きましょう。

㋐ 文字のみで伝える　㋑ 音声のみで伝える
㋒ 文字や映像などで伝える

インターネット(　　)
ラジオ　　　　(　　)

POINTはココだよ! テレビは映像や音声などで伝えるメディアだね。

Social studies

社会のお勉強
12

自然環境（かんきょう）

43
しゃかい

次の [ ]の言葉をなぞりましょう。

日本の自然環境（かんきょう）

・日本の国土のおよそ [3分の2]は森林である。

・森林は、生き物を育て、[水]をたくわえる、土砂（どしゃ）くずれなどの災害（さいがい）を防ぐ（ふせ）
　といった働きをしている。

自然環境を守る

・工場から出る排水（はいすい）やけむりで環境がよごれることを [公害]という。

・世界中で、地球温暖化（おんだんか）がこれ以上進まないように、[二酸化炭素（にさんかたんそ）]の
　排出量（はいしゅつりょう）を減らす取り組みが行われている。

・地震（じしん）や火山の噴火（ふんか）、台風などの [自然災害]を防ぐ取り組みも行われている。

POINTは
ココだよ！　日本では、豊（ゆた）かな森林をいかして林業が行われているよ。

44
しゃかい

次の問題に答えましょう。

❶ 森林の働きについてあてはまらないものを、次から選んで記号を書きましょう。

　㋐ 水をたくわえる。

　㋑ 土砂（どしゃ）くずれなどの災害（さいがい）を防ぐ（ふせ）。

　㋒ 二酸化炭素（にさんかたんそ）をつくり出す。　　　　　　　　　　　　　（　　　）

❷ 人工林を育てる作業の流れについて、（　）にあてはまる言葉を書きましょう。

| なえ木を育てる　→　植林　→　下草をかる　→　えだ打ち |
| → （　　　　　　　　　　）→　切り出し・はん出 |

POINTは
ココだよ！　イラストは、ほかの木の生長を助けるために、一部の木を切っているところだね。

社会のお勉強

13 世界の国名と日本の地形

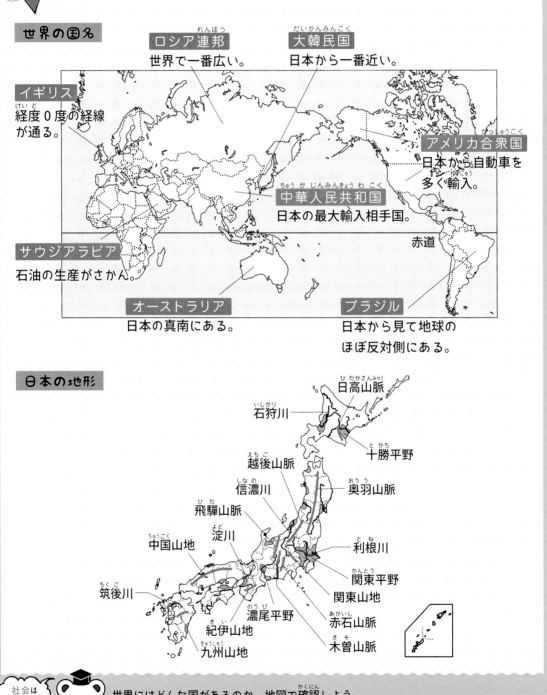

45 おもな世界の国名と日本の地形を覚えよう！

世界の国名

ロシア連邦（れんぽう）
世界で一番広い。

大韓民国（だいかんみんこく）
日本から一番近い。

イギリス
経度0度の経線（けいど）が通る。

アメリカ合衆国（がっしゅうこく）
日本から自動車を多く輸入。（ゆにゅう）

中華人民共和国（ちゅうかじんみんきょうわこく）
日本の最大輸入相手国。

サウジアラビア
石油の生産がさかん。

赤道

オーストラリア
日本の真南にある。

ブラジル
日本から見て地球のほぼ反対側にある。

日本の地形

日高山脈（ひだかさんみゃく）
石狩川（いしかり）
十勝平野（とかち）
越後山脈（えちご）
信濃川（しなの）
奥羽山脈（おうう）
飛驒山脈（ひだ）
中国山地（ちゅうごく）
淀川（よど）
利根川（とね）
関東平野（かんとう）
関東山地
筑後川（ちくご）
紀伊山地（きい）
濃尾平野（のうび）
赤石山脈（あかいし）
九州山地（きゅうしゅう）
木曽山脈（きそ）

社会はココまで！ 世界にはどんな国があるのか、地図で確認しよう。（かくにん）

▲ 取りはずして使えるよ！▲

CUSTOM

CUSTOM i
STUDY

小5

STUDY
HAPPY

| 答え

なぞり書きの問題については、
答えを省略している場合があります。

01 スポーツ　　　　　　　▶ p.22-23

👑 ① basketball　② swimming
③ track and field

👑 ① baseball　② tennis
③ soccer　④ track and field

👑 ① basketball　② swimming

考え方 👑 少し太くなっている文字を強く読みましょう。

👑 ①「バスケットボール」は basketball、②「水泳」は swimming、③「陸上競技」は track and field です。その他の単語は、baseball が「野球」、soccer が「サッカー」、tennis が「テニス」という意味です。

👑 ①絵から、バットと野球ボールを使う baseball「野球」を選びましょう。②絵から、ラケットとテニスボールを使う tennis「テニス」を選びましょう。③絵から、サッカーボールを使う soccer「サッカー」を選びましょう。④絵から、ハードルやバトンを使う track and field「陸上競技」を選びましょう。

👑 ①表と日本語から、ナオトが得意なのは「バスケットボール」basketball とわかります。Naoto is good at basketball. としましょう。②表と日本語から、ユウタが不得意なのは「水泳」swimming とわかります。Yuta is not good at swimming. としましょう。

02 月の名前　　　　　　　▶ p.24-25

👑 ① February　② March
③ May　④ November

👑

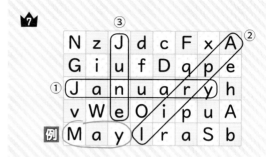

👑 ① July
②（例）December 9th

考え方 👑 ①「2月」は February です。1つ目の r を書きわすれないようにしましょう。
②「3月」は March です。③「5月」は May です。④「11月」は November です。下線部の v と b を入れかえて書かないようにしましょう。

👑 ヒントを参考にして、さがすとよいです。①「1月」は January です。最後の y まで囲むことに注意しましょう。②「4月」は April です。最後は il で終わるので、覚えておきましょう。③「6月」は June です。

👑「～月…日」と言うときは〈月の名前＋日にち〉の順番で書きます。①「7月」は July です。発音は [チュライ] ですが、最後は y で終わるので、書くときに注意しましょう。②まずは日本語で自分の誕生日を書いて、英語で何と言うか考えてみましょう。答えの例のように誕生日が「12月9日」のときは、December 9th と書きます。1日は 1st、2日は 2nd、3日は 3rd と書きます。

03 季節・行事 ▶p.26-27

11 ① Children's Day － spring
② Star Festival － summer
③ New Year's Day － winter

12 ① New Year's Day
② autumn

[考え方] 11 ①こいのぼりの絵なので、Children's Day（こどもの日）と線を結びます。こどもの日は5月5日なので、季節は「春」spring です。②ささかざりの絵なので、Star Festival（七夕〔たなばた〕）と線を結びます。七夕は7月7日なので、季節は「夏」summer です。
③門松や鏡もちの絵なので、New Year's Day（元日〔がんじつ〕）と線を結びます。元日は1月1日なので、季節は「冬」winter です。

12 ①「元日」は New Year's Day です。N，Y，D はそれぞれ、大文字にします。②「秋の祭り」は、「秋」という意味の autumn か fall を使って、festival in autumn か festival in fall となります。語群〔ごぐん〕に fall はないので、festival in autumn となります。

04 曜日の名前・教科 ▶p.28-29

15 ① ㋐ Tuesday ㋑ Wednesday
② ●＝s，■＝h，▲＝a

16 Friday，science

[考え方] 15 ①㋐「火曜日」は Tuesday、㋑「水曜日」は Wednesday です。特に下線部のつづりに注意して書きましょう。その他の単語は、Sunday が「日曜日」、Saturday が「土曜日」という意味です。②「英語」は English、「国語」は Japanese、「算数」は math です。同じ図形のものをヒントにして、答えを出しましょう。

16 時間割〔じかんわり〕表の金曜日の午後（5、6時間目）の授業〔じゅぎょう〕に注目します。「金曜日」は Friday、「理科」は science です。science は sc で書き始めることに注意しましょう。

05 身のまわりにあるものの名前 ▶p.30-31

18 ① ㋑－㋓ ② ㋐－㋒

19 ① k ② a ③ e ④ c

20 ① notebook，desk ② pencil，bed

[考え方] 18 ①「消しゴム」は eraser、「定規〔じょうぎ〕」は ruler です。eraser － ruler － rabbit というしりとりが完成します。②「ベッド」は bed、「つくえ」は desk です。bed － desk － king というしりとりが完成します。

19 ①「（かけ・置き）時計」は clock です。ck で［ク］と発音します。②「いす」は chair です。a を e としないようにしましょう。③「ノート」は notebook です。下線部の e は書きわすれやすいので、気をつけましょう。④「えん筆」は pencil です。下線部は s ではなく、c です。

20 絵から、ノートはつくえの上に、えん筆はベッドの下にあることがわかります。①「ノート」は notebook、「つくえ」は desk です。②「えん筆」は pencil、「ベッド」は bed です。

国語の答え

01 漢字の成り立ち ▶p.34-35

[1] ①形　②記号　③意味　④音

[2] ①㋐　②㋑　③㋓　④㋒

[3] ①目、車　②二、中　③岩、畑
④校、河

[4] ①馬　②三　③明　④銅　⑤息

[考え方] [1] 漢字を２つ以上の部分に分けることができれば会意文字か形声文字、できなければ象形文字か指事文字です。

[2] ④「上」は基準となる横線の上に印を付けたもの、「下」は基準となる横線の下に印を付けたもの、という指事文字です。

[3] ④「校」は「交」が「コウ」の音を、「河」は「可」が「カ」の音を表しています。

[4] ①「遠」は形声文字、「鳴」は会意文字です。
②「姉」は形声文字、「女」は象形文字です。
③「日」は象形文字、「晴」は形声文字です。
④「大」は象形文字、「取」は会意文字です。
⑤「夕」「白」は象形文字です。

02 熟語の組み立て ▶p.36-37

[5] ①意味　②対　③主語　④目的

[6] ①ー㋐　②ー㋒　③ー㋓　④ー㋑

[7] ①短　②多　③男　④売　⑤弱　⑥勝

[8] ①日照　②天地　③思考　④曲線
⑤作文

[考え方] [5] 熟語がどんなルールで組み立てられているのか、覚えておきましょう。

[6] ②「出発」は、「出」も「発」も「出かける」という意味です。

[7] 意味が反対になる字を重ねた熟語は、ほかにもたくさんあります。たとえば、大小、上下、利害などがあります。

[8] ①「日照」は「日が照る」で主語・述語の関係、④「曲線」は「曲がった線」で、「曲」が「線」をくわしく説明しています。

03 漢字の読み書き① ▶p.38-39

[9] ①ま　②かせつ　③こうぞう　④ほけん
⑤ふせ　⑥じゅんび　⑦と
⑧じょうせい　⑨おさ　⑩みちび
⑪わた　⑫きず

[10] ①㋑　②㋒　③㋐　④㋑

[11] ①㋑　②㋑　③㋐　④㋒

[12] ①修学　②混雑　③大勢　④導
⑤採用　⑥情報

[考え方] [9] ⑦同じ読みの「取る」との使い分けに注意しましょう。「本を手に取る」、「木の実を採る」などと使います。
⑫の読みを「きづ(く)」としないように注意しましょう。

[10] ②「防災」は、地しんや火事などの災害を防ぐという意味です。
③「仮」は、一時的な、間に合わせという意味です。
④「築」を使った熟語には「構築」「改築」などもあります。

[11] ④の「険しい」は、送り仮名をまちがえやすいので、気をつけましょう。また、「検」と似ているので注意しましょう。「検」は「検査」などのように使います。

[12] ①「修」は、真ん中の縦線を書きわすれないように注意しましょう。
②「混」は、「こ(む)、ま(じる)、ま(ざる)、ま(ぜる)」の訓読みがあります。

04 和語・漢語・外来語・複合語 ▶p.40-41

13 ①和語　②漢語　③外来語　④複合語

14 ①㋑　②㋒　③㋓　④㋐

15 ①指輪、歌声　②辞書、学校
③アート、マナー
④ボール投げ、急カーブ

16 ①㋓　②㋑　③㋒　④㋔　⑤㋐　⑥㋕

[考え方] 13 和語には、漢字と平仮名が交ざったものもあります。ただし、「あいさつ(挨拶)」などのように、むずかしい漢字を平仮名で表しているものは漢語ですので注意しましょう。

14 ③「まどガラス」は、「まど」+「ガラス」の複合語です。
④「生物」は、「なまもの」と読む場合は和語、「せいぶつ」と読む場合は漢語です。このような言葉には、ほかに「色紙」(和語:いろがみ、漢語:しきし)などがあります。

15 ①「指輪(ゆびわ)」、「歌声(うたごえ)」は、訓読みなので和語です。
④「ボール投げ」は「ボール」+「投げ(る)」、「急カーブ」は「急」+「カーブ」の複合語です。

16 複合語には、「鈴木先生特別記念講演会」のような長いものもあります。

05 敬語 ▶p.42-43

17 ①㋑　②㋒　③㋐

18 ①㋒　②㋐　③㋑　④㋒　⑤㋐

19 (○をつけるほう)①です　②いただく
③うかがい　④お使いになる
⑤おっしゃいます

20 ①これはわたしのかさです。
②先生が、教室にいらっしゃる。
③えんりょなく、リンゴをいただきます。
④父がお客様をお送りする。

[考え方] 17 尊敬語とけんじょう語には特別な言葉を使った言い方があります。たとえば、「言う」は、尊敬語では「おっしゃる」、けんじょう語では「申し上げる」です。「来る・行く」は、尊敬語では「いらっしゃる」、けんじょう語では「参る」です。覚えて使ってみましょう。

18 ①「うかがう」には「行く・たずねる・聞く」の3つの意味があります。どの意味で使うのか区別しましょう。

19 ④「お~になる」は尊敬語、「お~する」はけんじょう語です。

20 ①「~でございます」でも正解です。
②「来られる」「おいでになる」「おこしになる」などでも正解です。
③「ちょうだいします」でも正解です。

06 漢字の読み書き② ▶p.44-45

21 ①ぞうすい　②さいねん　③せきにん
④ひりつ　⑤へ　⑥ひたい　⑦あま
⑧しょくむ　⑨まね　⑩うつ
⑪せいげん　⑫しめ

22 ①㋑　②㋒　③㋐　④㋑

23 ①㋐　②㋑　③㋐　④㋑

24 ①職場　②燃　③余分　④減少
⑤限

[考え方] 21 ③は「積」や「績」、⑨は「昭」や「照」など、同じ部分を持つ漢字もいっしょに覚えるとよいでしょう。

22 ②㋐「さしず」は「指図」と書きます。

23 ①「務める」は「役割を引き受けて仕事をする」、「努める」は「努力して物事を行う」という意味です。
②「増」は、対の意味の「減」と合わせて覚えておきましょう。

24 ④「減」は、右上の「、」をつけわすれないように注意しましょう。

㉕ ①漢字　②仮名　③意味
　④アルファベット

㉖ ①表意文字　②表音文字　③い　④え

㉗ ①母　②パソコン　③美容院
　④暑　⑤主人公

㉘ 今日は快晴です。母は春だねと言って
いました。
でも、天気予報で、気温が低下すると
言っていたから、
新しい服はまたの機会に着ようかな。

考え方 ㉕ 日本語は、漢字、平仮名、片仮名、ア
ルファベットなどの、たくさんの種類の文
字で書き表されています。

㉖ 昔の日本では、ア行の「い・え」とワ行の
「ゐ・ゑ」の発音は区別されていたので、そ
れぞれちがう仮名がありました。

㉗ すべて平仮名だと分かりにくい場合は、漢
字に直します。外国語や音などを表す言葉
は片仮名で書かれることが多いです。③は
平仮名のままだと「びょういん(病院)」と読
みまちがえやすいので、漢字で書くほうが
分かりやすいでしょう。
④は他に「熱い」「厚い」など、同じ「あつい」
でも、意味によって漢字を使い分けて書き
ます。

㉘ 漢字仮名交じり文にすることで、文が読み
やすくなります。ふだんから読みやすい文
を書くように心がけましょう。

算数の答え

01 整数と小数　▶p.50

1 ①右　②左　③㋐10倍　㋑$\frac{1}{100}$

2 ①8.2　②514　③790　④0.26
⑤0.483　⑥0.0905

[考え方] **1** ③3.7は0.37の小数点を右に1けた移（うつ）した数です。また、3.7は370の小数点を左に2けた移した数です。

2 ③0.79の小数点が右に3けた移るから、一の位に0がつきます。0.7.9.0.

④2.6の小数点が左に1けた移るから、一の位に0がつきます。0.2.6

02 体積　▶p.51

3 ①横　②1辺　③1000000　④1000

4 ①300　②512　③150　④98

[考え方] **3** ③1m＝100cmだから、
100×100×100＝1000000より、
$1m^3$＝$1000000cm^3$です。

4 直方体の体積は、(たて)×(横)×(高さ)、立方体の体積は、(1辺)×(1辺)×(1辺)で求めます。
①5×10×6＝300(cm^3)
②8×8×8＝512(cm^3)
③10×3×5＝150(cm^3)
④2×7×7＝98(cm^3)

03 小数のかけ算　▶p.52-53

5
$$\begin{array}{r} 2.6 \\ \times\ 3.4 \\ \hline 1\boxed{0}4 \\ \boxed{7}8 \\ \hline \boxed{8}.\boxed{8}4 \end{array}$$
㋐1　㋑1　㋒2

6 ①34.03　②2.38　③0.944

7 ①＞、＝、＜　②[い]

8 ①4.7、0.3　②
$$\begin{array}{r} 4.7 \\ \times 0.3 \\ \hline 1.4\,1 \end{array}$$
③1.41

[考え方] **5** 整数のかけ算と同じように筆算をしてから、小数点をうちましょう。

6 ①
$$\begin{array}{r} 4.1 \\ \times 8.3 \\ \hline 1\,2\,3 \\ 3\,2\,8 \\ \hline 3\,4.0\,3 \end{array}$$
②③は、0のあつかいに気をつけましょう。
③は積の小数点から下のけた数が3けたになるから、0をつけたします。

②
$$\begin{array}{r} 0.3\,5 \\ \times\ \ 6.8 \\ \hline 2\,8\,0 \\ 2\,1\,0 \\ \hline 2.3\,8\,\not{0} \end{array}$$
③
$$\begin{array}{r} 0.4 \\ \times 2.3\,6 \\ \hline 2\,4 \\ 1\,2 \\ 8 \\ \hline 0.9\,4\,4 \end{array}$$

7 ②かける数が1より大きい数のとき、積は20より大きくなります。

8 1より小さい小数を使って、「何倍」を表すこともあります。

04 小数のわり算　▶p.54-55

9
$$\begin{array}{r} 3.\boxed{2} \\ 2.4\,\overline{)\,7.6.8} \\ 7\,\boxed{2} \\ \hline 4\,8 \\ 4\,\boxed{8} \\ \hline 0 \end{array}$$

10 ①0.9　②7　③5

11 ①1余り2.2　②1.6

12 ①＜、＝、＞　②[い]

[考え方] **9** わる数が整数になるように、わる数とわられる数を10倍します。

⑩ ①
$$2.4 \overline{\smash{)}2.1.6} \quad 0.9$$
$$\underline{216}$$
$$0$$

②
$$1.24 \overline{\smash{)}8.68} \quad 7$$
$$\underline{868}$$
$$0$$

③
$$2.26 \overline{\smash{)}11.30} \quad 5$$
$$\underline{1130}$$
$$0$$

⑪ ①
$$3.7 \overline{\smash{)}5.9} \quad 1$$
$$\underline{3\,7}$$
$$2\blacktriangledown2$$

②
$$3.7 \overline{\smash{)}5.9} \quad \begin{matrix}6\\1.5\,9\end{matrix}$$
$$\underline{3\,7}$$
$$2\,2\,0$$
$$\underline{1\,8\,5}$$
$$3\,5\,0$$
$$\underline{3\,3\,3}$$
$$1\,7$$

⑫ ②わる数が1より小さいとき、商は15より大きくなります。

05 合同な図形 ▶ p.56

⑬ ① D　② BC　③ E　④辺、角
⑭ ① E　② 2.4　③ 1.8　④ 37　⑤ 90

考え方 **⑬** 合同な図形の性質を覚えましょう。

⑭ ②辺 DE に対応する辺は、辺 CA です。
③辺 EF に対応する辺は、辺 AB です。
④角 D に対応する角は、角 C です。
⑤角 E に対応する角は、角 A です。

06 図形の角 ▶ p.57

⑮ ① 180　② 360　③あ 43　い 159
⑯ あ 65　い 108　う 360、89

考え方 **⑮** ③三角形の3つの角の大きさの和は180°だから、あの角は180°から2つの角の大きさをひいて求めます。
いの角は、となりの角の大きさを求めて、それを180°からひいて求めます。

⑯ あ180°−(50°+65°)=65°
い180°−(50°+58°)=72°
　180°−72°=108°

う四角形の4つの角の大きさの和は360°だから、360°から3つの角の大きさをひいて求めます。

07 整数 ▶ p.58-59

⑰ ①偶数、奇数　②倍数　③公倍数
④約数　⑤公約数
⑱ ① 2、4、6　② 1、3、5　③ 6
④ 4　⑤ 1、2、4　⑥ 1、2
⑲ ①ア(4の倍数)8、24　(6の倍数)12
　　イ 12
②ア(12の約数)3、6　(18の約数)2、9
　　イ 6
⑳ ①(バス)16　(電車)24　② 8、24

考え方 **⑰** ② 0 は倍数に入れないことにします。

⑱ ⑤16の約数は、16をわり切ることのできる整数です。16÷1=16、16÷2=8、16÷4=4、16÷8=2、16÷16=1だから、16は1、2、4、8、16でわり切れます。

⑲ ②イ 12と18の公約数は、表から、1、2、3、6とわかります。いちばん大きい数は、6です。

⑳ ②バスと電車が次に同時に出発するのは、8と12の最小公倍数が24だから、24分後です。

08 分数のたし算・ひき算 ▶ p.60-61

㉑ ① 4、12　② 3、15、15
㉒ ① 14、3、17　② 10、9、19
③ 8、5、3　④ 21、16、5
㉓ ① 6、3、3　② 15、2、2
㉔ ① 5、2、4　② 18、54、34

考え方 **㉑** ②通分するときは、ふつう、分母の最小公倍数にそろえます。

㉒ 分母のちがう分数の計算は、通分して計算します。

㉓ 答えが約分できるときは、約分します。

[24] 帯分数の計算をするときは、①のように整数どうし、分数どうしをそれぞれ計算するしかたと、②のように仮(か)分数になおして計算するしかたがあります。

09 分数と小数、整数 ▶p.62

[25] ①㋐分子、分母　㋑分母
②㋐4、0.25　㋑10

[26] ①㋐0.75　㋑0.64　㋒2.4
②㋐$\frac{4}{10}\left(\frac{2}{5}\right)$　㋑$\frac{25}{100}\left(\frac{1}{4}\right)$　㋒$\frac{13}{1}$

[考え方] [25] ②㋑0.1は$\frac{1}{10}$だから、0.7＝$\frac{7}{10}$です。

[26] ①㋐3÷4＝0.75
㋑16÷25＝0.64
㋒12÷5＝2.4
②㋑0.01＝$\frac{1}{100}$だから、0.25＝$\frac{25}{100}$です。

10 平均 ▶p.63

[27] ①合計、個数
②㋐312、312　㋑312、104、104

[28] ①60　②60、10、600、600

[考え方] [27] ②㋑3個(こ)のみかんの重さの平均(へいきん)は、(重さの合計)÷(個数)で求めます。

[28] ①4個のたまごの重さの合計は、
59＋61＋57＋63＝240(g)だから、
重さの平均は、240÷4＝60(g)です。
②4個のたまごの平均の重さを、パックのたまご1個の重さと考えて、10個のたまごの重さを求めます。

11 単位量あたりの大きさ ▶p.64

[29] (あやかさん)18　(りかさん)210、15
(答え)あやか

[30] ①3　②2.5　③B

[考え方] [29] ガソリン1Lあたりに走る道のりは、(自動車が走る道のり)÷(ガソリンの量)で求めます。あやかさんの家の自動車は、ガソリン1Lあたり18km、りかさんの家の自動車は、ガソリン1Lあたり14km走るから、あやかさんの家の自動車のほうが、ガソリン1Lあたりに走る道のりが長いです。

[30] ①②のそれぞれの部屋の1人あたりの面積は、(部屋の面積)÷(人数)で求めます。
①は36÷12＝3、②は50÷20＝2.5です。
③1人あたりの面積が小さいほうがこんでいるから、B室のほうがこんでいるといえます。

12 速さ ▶p.65

[31] ①㋐時間　㋑速さ　㋒道のり
②60、60、120、120

[32] ①70　②135　③60

[考え方] [31] ①速さ、道のり、時間の公式を覚えましょう。
②1分＝60秒です。1秒間に2m進むから、1分間では、2×60で120m進みます。

[32] ①速さを求めます。1050÷15＝70
②道のりを求めます。45×3＝135
③時間を求めます。180÷3＝60

13 面積 ▶p.66

[33] ①底辺、高さ　②底辺、高さ
③上底、下底　④対角線、対角線

[34] ①45　②42　③18　④18

[考え方] [33] 面積の公式を覚えましょう。
③台形の上底と下底は平行で、上底と下底は高さに垂直(すいちょく)です。

[34] ①底辺が9cm、高さが10cmの三角形です。9×10÷2＝45(cm^2)
②底辺が6cm、高さが7cmの平行四辺形です。6×7＝42(cm^2)

③上底が5cm、下底が7cm、高さが3cmの台形です。
(5+7)×3÷2=18(cm^2)

④一方の対角線が4cm、もう一方の対角線が9cmのひし形です。
4×9÷2=18(cm^2)
面積を求める式を、9×4÷2=18としてもよいです。

14 正多角形と円 ▶p.67

35 ①多角形　②正多角形　③円周
④円周率

36 ① 360、8、45、45
② 15.7、3.14、5、5
③ 6、3.14、18.84、18.84

[考え方] 35 ④円周率は、約3.14です。

36 ①[あ]の角は、円の中心のまわりを8等分しているから、360°÷8=45°です。
②(円周率)=(円周)÷(直径)だから、直径は、(円周)÷(円周率)で求められます。
③(円周率)=(円周)÷(直径)だから、円周の長さは、(直径)×(円周率)で求められます。

15 割合 ▶p.68-69

37 ① 0.4、0.4
②㋐くらべる量　㋑もとにする量
㋒割合

38 ① 0.2　②㋐ 0.2　㋑ 6

39 ①㋐ 0.95　㋑ 580　②㋐ 0.8　㋑ 2160

40 ①(左から順に)25、20、10
②

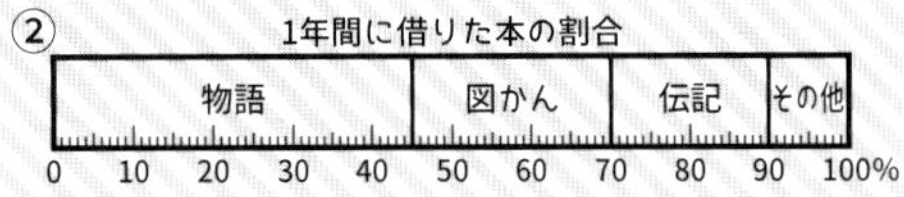
1年間に借りた本の割合
物語
図かん
伝記
その他
0
10
20
30
40
50
60
70
80
90
100%

[考え方] 37 ②割合の意味と関係を表す式を覚えましょう。

38 ①割合を求めます。5÷25=0.2(倍)
②㋐ 1%は0.01だから、20%は0.2です。
㋑くらべる量を求めます。割合が百分率で表されているときは、小数になおしてから計算しましょう。
30×0.2=6(人)

39 ①㋑もとにする量を求めます。
551÷0.95=580(人)
②㋐代金は、もとのねだんの20%引きです。もとのねだんを1と考えると、20%は0.2だから、1−0.2=0.8(倍)
㋑ 2700×0.8=2160(円)
次のように求めてもよいです。
2700×0.2=540
2700−540=2160(円)

40 ①図かんは、300÷1200=0.25だから25%
伝記は、240÷1200=0.2だから20%
その他は、120÷1200=0.1だから10%

16 比例 ▶p.70

41 ①(左から順に)18、24、36　② 2
③比例する

42 ①(左から順に)24、40　② 120
③いえる

[考え方] 41 ②①の表を見ると、たての長さが2倍になると、長方形の面積も2倍になることがわかります。

42 ③①の表を見ると、高さが2倍、3倍、……になると、直方体の体積も2倍、3倍、……になるから、体積は高さに比例するといえます。

17 角柱と円柱 ▶p.71

43 ①底面、側面　②三角、三角
③円、円　④五角、五角

44 ①[い]　②[う]　③[あ]

[考え方] 43 角柱や円柱の2つの底面は合同です。

44 てん開図の底面の形は、それぞれ、[あ]は円、[い]は三角形、[う]は五角形です。

01 天気の変化　▶ p.74-75

◆❶ 晴れ、くもり、ある、雨
西から東、西から東、
動くとは限らない、できる
❷ 晴れ、9
❸ 雲、晴れ、西から東
❹ しんご

考え方 ❶ 雲には色や形、高さのちがうものがあり、空の雲の量で天気が決まります。
❷ 空全体を 10 として、雲の量が 0〜8 のときが晴れ、9〜10 のときがくもりです。
❸ 雲は西から東へ動くことが多く、天気も西から東へと変わっていくことが多いです。
❹ 台風は大雨や強風をともなうことが多いです。テレビなどで最新の情報をかくにんするなどしておきましょう。

02 植物の発芽と成長　▶ p.76-77

❺ ゆり：×　めい：×
まみ：×　ゆうか：○
❼ ①　②ウ　③でんぷん
❽ ①ア　②ア　③肥料、日光

考え方 ❺ 植物の種子の発芽には、水、空気、適当な温度が必要です。また、植物の成長には、このほかに、日光と肥料が必要です。
❻ 植物は、水、空気、適当な温度があれば、光はなくても発芽します。
❼ インゲンマメは、子葉の部分に発芽に必要な養分（でんぷん）をふくんでいます。
❽ 水は㋐〜㋒にあたえているので、植物がよく育つためには、日光と肥料が必要であるとわかります。

03 メダカのたんじょう　▶ p.78-79

❾ めす、おす、養分、2、はら
❿ ①㋐・㋒せびれ　㋑・㋓しりびれ　②あ
⓫ たまご（卵）ーめすが産むもの
精子ーおすが出すもの
受精卵ー受精したたまご
受精ーたまごと精子が結びつくこと
⓬ イ

考え方 ❾ めすの産んだたまご（卵）がおすの出す精子と結びつくことを受精といいます。
❿ メダカのめすとおすを見分けるには、せびれとしりびれに注目します。
⓫ 受精したたまごのことを受精卵といいます。
⓬ たまごが育つ順はイ→㋐→㋒→㋓です。これと日づけをくらべます。

04 ヒトのたんじょう　▶ p.80-81

⓭ 女性、男性、子宮、へそのお、38
⓮ 卵（卵子）ー女性の体内でつくられる
精子ー男性の体内でつくられる
受精卵ー受精した卵
受精ー卵と精子が結びつくこと
⓯ ①㋓、羊水　②㋐、へそのお
⓰ 38、50、3000

考え方 ⓭ 卵（卵子）と精子が結びつくことを受精といいます。
⓮ 受精した卵のことを受精卵といいます。
⓯ 養分は、子宮（㋒）のかべにあるたいばん（㋑）から、へそのお（㋐）を通して赤ちゃんに送られます。羊水（㋓）は、外からのしょうげきなどから赤ちゃんを守っています。
⓰ ヒトの子どもは、たんじょうするときには身長 50cm、体重 3000g ほどに成長しています。

05 花から実へ ▶p.82-83

18 ①㋐　②㋒　③めばな

19 ①花粉　②受粉　③㋑

20 実、おしべ、めしべ、種子

[考え方] 17 ヘチマやカボチャには、めしべのあるめばなと、おしべのあるおばなの２種類の花があります。

18 めばなは、花びらの下の部分にふくらみがあります。めしべの先は、べとべとしていて花粉(かふん)がつきやすくなっています。

19 ヘチマの花粉は、こん虫によってめしべに運ばれ、受粉(じゅふん)します。

20 カボチャは、受粉すると実ができます。実の中には種子があります。

06 流れる水のはたらき① ▶p.84-85

21 しん食、運ぱん、たい積、大きく、速い、ゆるやかな

22 しん食：みさき　運ぱん：なつか　たい積：ゆか

23 ①速く　②大きく　③大きく

24 ①大きくなる　②㋑　③㋐

[考え方] 21 水の流れが速いところでは、けずるはたらき(しん食)や運ぶはたらき(運ぱん)が大きくなり、流れがゆるやかなところでは積もらせるはたらき(たい積)が大きくなります。

22 地面をけずるはたらきをしん食、土や石を運ぶはたらきを運ぱん、積もらせるはたらきをたい積といいます。

23 水の量が増(ふ)えると、水の流れは速くなります。

24 曲がって流れているところでは、外側のほうが流れが速く、流れがゆるやかな内側には運ばれてきた土がたい積します。

07 流れる水のはたらき② ▶p.86-87

26 ①㋑　②[あ]に〇　③㋑

27 わか：㋒　ゆい：㋑　おと：㋐

28 てい防、土

[考え方] 25 山の中の大きくごつごつした石は、流れる水に運ばれる間に、角がとれて丸く、小さくなっていきます。

26 川の流れの外側は流れが速く、地面がけずられ、がけのようになっています。川の流れの内側は流れがゆるやかで、丸みをおびた石がたい積し、川原(かわら)になっています。

27 川の下流にいくほど、丸くて小さい石やすなが多くなります。

28 洪水(こうずい)を防(ふせ)ぐために、てい防(ぼう)や遊水地などがつくられています。

08 ふりこの運動 ▶p.88-89

29 長くなる、短くなる、変わらない、変わらない

30 ①[い]　②[う]

31 ① 20g：1.4 秒　30g：1.4 秒
②変わらない

32 ①(式) 42 ÷ 3 ＝ 14、14 秒
②(式) 14 ÷ 10 ＝ 1.4、1.4 秒

[考え方] 29 ふりこが１往復(おうふく)する時間は、ふりこの長さによって決まります。ふりこの長さが同じであれば、おもりの重さやふれはばを変えても、１往復する時間は変わりません。

30 ふりこの長さが同じであれば、ふれはばを変えても、１往復する時間は変わりません。

31 ふりこの長さが同じであれば、おもりの重さを変えても、１往復する時間は変わりません。

32 何回かの測定(そくてい)結果から、平均(へいきん)を求める方法を覚えておきましょう。

09 もののとけ方①

▶ p.90-91

[33] すき通って、変わらない、ある
[34] ①食塩　②㋑
[35] 95g
[36] ① 18g　② 36g　③ 2 倍　④ちがう

[考え方] [33] ものが水にとけた液(えき)を水よう液といいます。ものを水にとかす前と後で、全体の重さは変わりません。一定の量の水にものがとける量は、とけるものによって決まっています。

[34] 水よう液は、すき通っていて(とうめいで)、とけたものが液全体に均一(きんいつ)に広がっています。色がついていても、すき通っていれば水よう液といえます。

[35] ものを水にとかすと、とかしたものは見えなくなりますが、水よう液の中にあるので、全体の重さは変わりません。

[36] 同じ水の量でも、食塩とミョウバンではとける量がちがいますが、水の量を 2 倍にすると、どちらもとける量は 2 倍になります。

10 もののとけ方②

▶ p.92-93

[38] 増えた、変わらない、ちがう
[39] ①ろ過　②㋐ろ紙　㋑ろうと
③取り出せない
[40] ゆうな

[考え方] [37] とけるものの量は、水の温度によって変わります。水の温度を下げたり、水をじょう発させたりすると、水にとけているものを取り出すことができます。水の温度を変化させたとき、水にとける量の変化のしかたは、ものによってちがいます。

[38] ミョウバンは、温度によって水にとける量が大きく変わりますが、食塩は、温度が変化しても水にとける量はほとんど変わりません。水の温度を変化させたとき、水にとける量の変化のしかたは、ものによってちがいます。

[39] 水にとけ切れなかったミョウバンのつぶなど、液に混(ま)ざったものをろ紙でこすことをろ過(か)といいます。ろ過するときは、ろ紙は水でぬらしてろうとにぴったりとつけ、液はガラスぼうに伝わらせて静かに注ぎます。ろうとの先は、ビーカーの内側にくっつけておきます。

[40] 食塩が水にとける量は、温度によってほとんど変わらないので、食塩水の温度を下げても、ほとんど食塩を取り出すことができません。水をじょう発させると、とけている食塩を取り出すことができます。

11 電磁石のはたらき

▶ p.94-95

[41] コイル、流しているとき、逆になる、強く、強く
[42] ①電磁石　②㋑
[43] ①[あ]　②㋑　③強くなる
[44] はるか→ゆうり→かずは

[考え方] [41] 導線(どうせん)を同じ向きに何回もまいたもの(コイル)の中に鉄心を入れ、導線に電流を流すと、鉄心が磁石(じしゃく)になります。これを電(でん)磁石(じしゃく)といいます。電磁石は、電流を流しているときだけ、磁石のはたらきをします。

[42] 電磁石にも N(エヌ) 極と S(エス) 極があります。コイルに流れる電流の向きを逆(ぎゃく)にすると、電磁石の極も逆になります。そのため、引きつけられる方位磁針(ほういじしん)の針(はり)も逆になります。

[43] 電流が大きくなると、電磁石の強さは強くなります。そのため、引きつけられるクリップの数も多くなります。

[44] コイルのまき数が多いほど、また、コイルを流れる電流が大きいほど、電磁石の強さは強くなります。図の回路を見て、電磁石の強い順を考えます。

社会の答え

01 地球のすがた ▶ p.98-99

2 ①イギリス ②ロシア連邦 ③中華人民共和国 ④オーストラリア ⑤アメリカ合衆国 ⑥ブラジル

3 ①経線 ②緯線 ③ 180 ④赤道 ⑤ 90

4 ①ユーラシア大陸 ②太平洋 ③アフリカ大陸 ④イギリス ⑤北半球 ⑥ロシア連邦 ⑦ユーラシア大陸

考え方

1 世界には、ユーラシア大陸、アフリカ大陸、北アメリカ大陸、南アメリカ大陸、南極大陸、オーストラリア大陸の６つの大陸と、太平洋、大西洋、インド洋の３つの大きな海洋があります。

2 世界には 190 余りの国があります。

3 地球上の位置は、経度と緯度で表すことができます。

4 ⑤世界の国の多くは、赤道より北側の北半球に位置しています。

02 日本の国土と地形 ▶ p.100-101

6 ①択捉島 ②与那国島 ③沖ノ鳥島 ④南鳥島

7 ①北方領土 ②ロシア連邦 ③竹島

8 ①奥羽山脈 ②信濃川 ③利根川 ④関東平野 ⑤濃尾平野 ⑥中国山地 ⑦九州山地

考え方

5 日本のまわりにある国の名前と位置をおさえましょう。

6 択捉島は北海道、沖ノ鳥島と南鳥島は東京都、与那国島は沖縄県に属しています。

7 ①③日本の北のはしに位置する択捉島は、北方領土にふくまれています。竹島は島根県に属しています。

8 信濃川は日本で最も長い川、関東平野は日本で最も広い平野です。

03 日本の気候 ▶ p.102-103

10 ①瀬戸内海 ②北海道 ③日本海側 ④南西諸島

11 ①季節風 ②梅雨 ③台風

12 ①中央高地 ②太平洋側 ③南西諸島 ④日本海側

考え方

9 日本の気候の特色を覚えましょう。

10 瀬戸内海の気候や北海道の気候は、ともに降水量が少ないですが、気温に差があります。

11 季節風と梅雨、台風は、日本の降水量に大きなえいきょうをあたえています。

12 気温と降水量のグラフは、冬の気温や降水量に注目してみましょう。

04 地形と気候と人々のくらし ▶ p.104-105

14 ①しっくい ②石垣 ③雪 ④二重

15 ①長野県 ②高原野菜 ③輪中 ④水屋

16 ①㋓ ②㋐ ③㋒ ④㋑

考え方

13 気候や地形に合わせたくらしの特色をおさえましょう。

14 ①②台風で強い風がふくため、風から家を守るための工夫をしています。③④冬のきびしい寒さと、たくさんふる雪に備えています。

15 ①長野県の八ヶ岳は、標高が高いため、低地よりも気温が低いです。④水屋は、水害が多かった時代に利用されました。水害時のひなん場所として、母屋よりも高い位置に建てられました。

16 ㋓さとうきびは沖縄県の特産品です。

05 日本の農業 ▶p.106-107

[18] ①㋐　②㋐　③㋒　④㋐、㋒　⑤㋒
⑥㋑　⑦㋑　⑧㋑

[19] ①北海道　②千葉県　③長野県
④宮崎県

[20] ①北海道　②らく農　③九州

[考え方] [17] 北海道は、広大な土地があるので、農業がさかんです。

[18] りんごは青森県や長野県などすずしい地域、みかんは太平洋側などのあたたかい地域、ももは盆地のある福島県や山梨県、長野県で生産がさかんです。

[19] ②東京都などの大都市は、人口が多いため、農産物の消費量が多いです。大消費地の近くで野菜をさいばいすると、新鮮なうちにとどけることができます。

[20] ①畜産では、乳牛や肉牛などのえさとなる牧草をつくるために広い土地が必要なので、北海道でさかんに行われています。

06 日本の米づくり ▶p.108-109

[22] ①㋒　②㋓　③㋑　④㋐

[23] ①品種改良　②生産量　③兼業
④高れい

[24] ㋑、㋒、㋓、㋕

[考え方] [21] 米は日本の主食です。日本の米づくりについておさえましょう。

[22] 田植えをする前に、土をほりおこしてから代かきをします。稲が生長すると、農薬をまいて病気を防ぎます。

[23] ①品種改良によって、コシヒカリなどの品種が開発されました。

[24] ㋐西日本でも米づくりはさかんです。㋔米づくりの作業は機械化が進み、農作業にかかる時間が減りました。

07 日本の水産業と食料生産 ▶p.110-111

[26] ①銚子　②大陸だな
③黒潮（日本海流）
④親潮（千島海流）

[27] ①遠く　②沖合漁業　③10t
④養しょく業

[28] ①○　②○　③×　④×

[考え方] [25] 養しょく業は、たまごから大きくなるまで育ててとる漁業です。

[26] 暖流と寒流がぶつかるところでは、それぞれの海流にのってきたたくさんの種類の魚がとれます。

[27] 遠洋漁業や沖合漁業、沿岸漁業の生産量はだんだん減少しており、水産物の多くは輸入にたよっています。

[28] 日本でほぼ自給しているのは、米など一部の農産物だけです。

08 工業のさかんな地域 ▶p.112-113

[30] ①—㋑　②—㋐　③—㋓　④—㋒
⑤—㋔

[31] ①京浜　②中京　③阪神
④太平洋ベルト

[32] ①中小工場　②大工場　③せんい
④機械　⑤海ぞい　⑥高速道路
⑦内陸部

[考え方] [30] それぞれの工業で、どのような製品がつくられているのかおさえましょう。

[31] ②中京工業地帯は、機械類の生産がさかんな工業地帯で、特に自動車の生産がさかんです。④海ぞいは、原料の輸入や工業製品の輸出に便利なため、工業地帯や工業地域が集まっています。

[32] ①②中小工場は、さまざまな部品などをつくる工場が多く、一人あたりの生産額が低いです。⑤⑥⑦交通の発達とともに、日本の工業地域も変化しています。

09 日本の自動車工業
▶p.114-115

[34] ①㋐ーとそう　㋑ープレス
㋒ー組み立て　㋓ーようせつ
②㋑→㋓→㋐→㋒

[35] ①関連工場　②部品　③時間
④コンベヤー　⑤分たん

[36] ㋑

[考え方] [33] 日本は世界でも自動車の生産量が多く、世界中に輸出しています。

[34] ようせつは危険な作業なので、人間ではなくロボットを使います。

[35] ④⑤作業を正確に効率よく進めるために、一定の速さで進むコンベヤーに自動車をのせて、作業を分たんして組み立てます。

[36] ㋑自動車は、自動車専用船に積みこまれて、世界中に輸出されます。また、国内で部品などを輸送するときには、おもにトラックが使用されます。

10 日本の交通と貿易
▶p.116-117

[38] ①トラック　②貨物列車　③飛行機

[39] ①せんい原料　②機械類　③せんい品
④機械類

[40] ①加工貿易
②中華人民共和国（中国）　③㋒

[考え方] [37] 日本の工業の中心は、せんい工業から機械工業に変化し、合わせて貿易品も変化しました。

[38] ①自動車は、戸口から戸口へ輸送することができるため便利です。高速道路が日本全国に広がるとともに、自動車による輸送量が増加しています。

[39] ②現在は、機械類や医薬品などをおもに輸入しています。また、石油のほとんどはサウジアラビアなど外国から輸入しています。

[40] ②日本の最大の貿易相手国は中国です。③日本は、アジアの国々に工場をつくり、海外で生産された工業製品をたくさん輸入しています。交通の発達とともに、工業でも世界の国々とのつながりが深まっています。

11 情報産業
▶p.118

[42] ①㋑、㋒、㋐
②インターネット㋒　ラジオ㋑

[考え方] [41] わたしたちは、メディアが発信する多くの情報を得て生活しています。これらの情報は、わたしたちの生活や考え方に大きなえいきょうをあたえます。

[42] ②それぞれのメディアの特色によって、使い分けることができます。メディアの発信する情報がすべて正しいとは限らないので、どの情報が正しいのかを判断して、情報を活用する力を身につけることが大切です。

12 自然環境
▶p.119

[44] ①㋒　②間ばつ

[考え方] [43] 森林にはさまざまな働きがあることをおさえましょう。また、二酸化炭素の排出量の増加が地球温暖化の原因のひとつとなっています。

[44] ①森林は、二酸化炭素をきゅうしゅうし、酸素をはき出します。②間ばつをすることで、日当たりがよくなり、木が育ちやすくなります。